赵朴初的故事

安徽省赵朴初研究会 主编

时代出版传媒股份有限公司
安徽教育出版社

图书在版编目（CIP）数据

赵朴初的故事 / 安徽省赵朴初研究会主编． -- 合肥：安徽教育出版社，2025.6． -- ISBN 978-7-5748-0450-0

Ⅰ．B949.92-49

中国国家版本馆 CIP 数据核字第 2025NY1373 号

赵朴初的故事
ZHAO PUCHU DE GUSHI

出 版 人：王能玉
策划编辑：黄晓宇
责任编辑：黄晓宇　余润桑
装帧设计：吴亢宗
责任印制：陈善军

出版发行：安徽教育出版社
地　　址：合肥市经开区繁华大道西路 398 号　邮编：230601
网　　址：http://www.ahep.com.cn
营销电话：(0551)63683012，63683013
排　　版：安徽时代华印出版服务有限责任公司
印　　刷：安徽新华印刷股份有限公司

开　　本：787 mm×1092 mm　1/16
印　　张：10.5
字　　数：140 千字
版　　次：2025 年 6 月第 1 版
印　　次：2025 年 6 月第 1 次印刷
定　　价：28.00 元

（如发现印装质量问题，影响阅读，请与本社营销部联系调换）

《赵朴初的故事》编委会

主　任：李和平

常务副主任：章　松

副主任：

赵　广　张时民　赵福南　赵　伟

成　员：

李盛华　李仁强　殷书林　王三保

王振奋　郭　兵　王　玮

撰　稿（按姓氏笔画排序）：

马树华　方承明　何　军　余世磊

张叶红　张晓松　陈　师　陈　琼

顾杨春　殷桃玲

前言

赵朴初先生（1907—2000），安徽省太湖县人。曾担任全国政协副主席、中国民主促进会中央名誉主席、中国佛教协会会长等职务。他是著名的社会活动家，杰出的爱国宗教领袖，伟大的爱国主义者，中国共产党亲密的朋友，中国民主促进会的创始人之一，享誉海内外的著名作家、诗人和书法大师，以慈善为怀的慈善家。

赵朴初先生的一生，是不断探索真理、追求进步的一生，是在中国共产党的领导下，对国家和人民事业忠心耿耿、奋斗不息的一生。赵朴初先生豁达大度，识大体，顾大局，严于律己，宽以待人，生活简朴，清正廉洁，在海内外享有崇高威望和广泛赞誉。赵朴初先生永远值得人们尊敬和怀念！

翻开赵朴初先生辉煌而厚重的人生篇章，在20世纪新旧时代交替嬗变的浪潮中，他无疑是惊涛骇浪中涌出的杰出英雄、优秀模范。中华民族的优秀传统文化与现代社会发展的先进思想，在他身上得到水乳交融，使他成为中国知识分子的先进典型，从而为后代树立了光辉榜样，为百世做出了卓越示范。

2024年9月29日，中华人民共和国国家勋章和国家荣誉称号颁授仪式在人民大会堂隆重举行。习近平总书记强调："当前，我国正处于以中国式现代化全面推进强国建设、民族复兴伟业的关键时期。全党全国各族人民要以英雄模范为榜样，团结奋进、砥砺前行，汇聚起共襄强国盛举的磅礴力量。"

向榜样学习，向榜样看齐，这是伟大时代赋予我们的光荣使命。榜样如旗帜，指引着我们奋进前行的方向；榜样似镜子，培养着我们见贤思齐的品格；榜样像光芒，砥砺着我们真抓实干的担当。我们应以榜样为标杆，积极对标榜样、努力践行榜样精神，进而成为榜样，踊跃投身中国式现代化建设实践，在新时代新征程上不断创造新的业绩。

为了树立榜样，激励后人，安徽省赵朴初研究会精心组织编写了这本《赵朴初的故事》。书中特别选取了赵朴初先生为国、为民奉献人生中的数十个生动故事，通过这些故事，我们可大致了解先生一生的丰功伟绩和高风懿范，感受他在勤奋好学、救国为民、播撒和平、爱党爱国、清廉正直、慈悲济世、报我乡邦等方面的优良品质和高尚情怀。

赵朴初先生的精神风范值得每一个人学习。

在推进党风廉政建设、锻造高素质干部队伍的新时代征程中，赵朴初先生对待事业、工作、生活的思想、态度与行动，为我们党员干部做出了表率。正如《论语·子路》中所言："其身正，不令而行。"通过对他的效仿与学习，我们必将汲取精神力量，提升人生层次，坚定奋斗信心，把纪律规矩转化为政治自觉、思想自觉、行动自觉，锐意进取、积极作为，努力创造不负人民、不负时代的业绩。

对于成长于新时代的青少年来说，由于种种原因，他们可能对赵朴初先生其人其事了解不多。这本书的编写，就更具有现实意义。本书叙事质朴，语言生动，非常适合青少年阅读。梁启超在《少年中国说》中讲："少年智则国智，少年富则国富，少年强则国强。"这里的智，是思想之智慧；富，是美德之富有；强，是精神之坚强。在榜样赵朴初身上，有着很多作为新时代优秀青少年必须具备的品质，有着很多将来担负起实现中华民族伟大复兴的中国梦使命所必备的素质。我们应当用心读好《赵朴初的故事》这本小书，更要深入读好赵朴初先生其人这本大书，认真地、仔细地读，永远读下去。

2025年是赵朴初先生逝世25年，也谨以这本书的出版表示对先生的深切怀念！

这本书在编写、出版过程中，得到安徽省政协、中共安徽省委宣传部、安徽省民族宗教事务委员会和安庆市、太湖县有关单位的大力支持，得到安徽省赵朴初研究会领导和会员的极大关心。编写者在写作过程中精心选材，反复斟酌，数易其稿，安徽教育出版社有关领导和人员为本书出版付出很多心血，在此一并表示感谢！

由于编写者水平有限，可能存在错误或不当之处，敬请各位读者批评指正！

本书编委会

2025 年 5 月

目 录

第一章 勤奋好学
- 001 最早的记忆
- 004 偷摘枇杷
- 008 对对子和背书
- 011 游佛图寺
- 014 到上海读书
- 017 诗传天下
- 019 病房生活

第二章 救国救民
- 022 参加五卅运动
- 025 勇救难民
- 027 智送难民到新四军
- 031 赶走日本教员
- 034 发起成立中国民主促进会
- 037 支援解放区
- 040 迎接上海解放
- 043 参加开国大典

第三章　播撒和平

- 046　主动表达和平之愿
- 049　永远做兄弟
- 052　反对核武器
- 055　永远不战
- 059　纪念鉴真

第四章　爱党爱国

- 063　党的革命堡垒
- 066　热爱毛主席
- 069　最敬是总理
- 073　诗交陈毅
- 076　题《万松图》
- 079　流泪的日子
- 082　迎接香港回归

第五章　清廉正直

- 085　"真是国宝"
- 088　借钱进京
- 091　教训弟弟
- 093　一顿早餐
- 096　拼起来的床
- 099　勤俭节约的楷模
- 103　"三不副主席"

目录

第六章 慈悲济世
- 106 不是亲人胜亲人
- 110 为孩子们补充营养
- 112 创作《金缕曲》
- 115 "八老"写信
- 118 写字义卖救洪灾
- 121 与小学为邻

第七章 报我乡邦
- 125 为《长河文艺》题词
- 129 深情细味故乡茶
- 133 不坐轿子
- 136 "我是太湖的儿子"
- 139 《拜石赞》
- 143 哭项南

第八章 怀念永远
- 146 桃花岛植树
- 149 树葬万年冲
- 153 研究与怀念

第一章　勤奋好学

最早的记忆

1907年11月5日,一座青砖黛瓦的徽派老宅内张灯结彩,洋溢着喜庆的气氛。伴随一声嘹亮的啼哭,一个男婴呱呱坠地,为这个状元府带来了新的希望。

长辈按家族"荣"字辈分,给婴儿取名"荣续"。以"混沌初开"的典故,取乳名"小开"。又以古人"返朴归真,悟初笃静""朴虽小,天下莫能臣"之句,给孩子取名"朴初"。他后来成为中国人民政治协商会议全国委员会副主席,中国民主促进会中央名誉主席,中国佛教协会会长,著名的社会活动家、杰出的爱国宗教领袖、中国共产党亲密的朋友,中国民主促进会的创始人之一。

如果说赵朴初的一生是一部用生命和智慧书写的波澜壮阔的人生长卷,那安庆太湖则是画卷的开端之笔。

这个开端还得从赵氏宗祖说起。太湖赵氏系宋太祖之后。元朝末叶,先祖赵伯英率领全家从江西迁居安徽太湖县西北的玉望村(今属北中镇),在此定居了下来。四百余年后,赵伯英的十三世孙赵文楷高中状元,并作为正使,率大型使团前往琉球国(今日本冲绳县)为新国王行册封礼。在琉球国

▲ 位于安庆市天台里的世太史第

期间，赵文楷严格约束自己和部下，史书载其"廉洁之声，著于海外"。归国后他任山西雁平兵备道，不幸病逝于任上，年仅48岁。

赵文楷开创了太湖赵氏重勤奋、重文章、重道德的家风，深深影响了后代子孙。赵文楷之子赵畇、孙赵继元、曾孙赵曾重都相继考中进士，被选为翰林，光绪帝曾赐匾"四代翰林"，以示褒奖。赵家社会关系显赫，清末著名洋务派领导人李鸿章是赵畇的女婿。

赵家从赵文楷开始到荣字辈已是第六代了，可谓"钟鸣鼎食之家，世代簪缨之族"。每逢除夕、元宵等重大节日，赵府中都是灯火辉煌，昭穆有序。赵朴初的姐姐赵鸣初《忆昔年在府后除夕光景》一诗中有"红烛兮双辉，有锦果堆盘。瓶梅清艳兮，与残年共妍"之句，描写的正是当年府中的繁华。

有一年除夕，赵府举行祭祀大典，大堂中摆着各种供品、祭器，在烛光的照耀下闪着光亮。才两三岁的赵朴初出于好奇，闯进了大堂。祭祀是很严肃的事，绝不容许小孩子随便进入。这时，一位白发尊长走了过来，揪着赵朴初的耳朵把他往门外扯，赵朴初疼得哇哇直叫，这件事令他终生难忘。应该说，封建礼教的威严，给赵朴初幼小的心灵蒙上了一层阴影。后来，赵朴初积极投身反帝反封建的运动，与他儿时的经历有一定的关系。

世代簪缨的家学渊源为赵朴初的成长奠定了坚实的基础。赵朴初的父亲赵炜如毕业于安徽省高等学堂，面对纷纭乱世，无意为官，在家教书为生，擅书法、绘画。母亲陈仲瑄，出生于湖北官宦之家，有极高的文学修养，是一位才女，至今流传着她所作自传体剧本《冰玉影传奇》。

1808 年，赵文楷去世，他的夫人王氏携子女回到太湖县城定居。后来因水灾又迁居到离县城三十里的寺前河畔，在那里建了幢很大的府第，人称状元府。赵朴初跟随父母，在碧水青山间，度过了他难忘的童年时光。

黄莺儿·贺中国安庆第二届黄梅戏艺术节

妙乐自天成。皖山青，皖江清。珠喉水袖倾观听。风云叠层，悲欢古今，《红楼》柔曼《红岩》劲。益求精，绕梁飞镜，不尽故乡情。

赏析：

黄莺儿，词牌名。1995 年 9 月，赵朴初得知安庆市举办第二届黄梅戏艺术节，欣然命笔，题写了这首《黄莺儿》，使安庆黄梅戏艺术工作者受到了极大的鼓舞。黄梅戏是安庆市的地方戏，经过历代黄梅戏艺人的精心打造，已经唱响全国。赵朴初用清新自然的笔调，从听觉、视觉两个维度，对黄梅戏进行了尽情的推介和描述，让人感觉如临其境，如闻其声。从这首清丽婉约的词中，我们不难体会到赵朴初那浓浓的"不尽故乡情"。

偷摘枇杷

状元府坐落在寺前河边,与寺前街靠近,又相对独立,闹中取静,生活非常便利。站在门前,可以看到近处热闹的寺前河街,街道的周围是大片的稻田;再往远处看,层峦叠嶂,渐远渐淡,云遮雾绕,美不胜收。古人曾赞曰:"山中千万山,山山千万状。或在白云间,或在白云上。"

府里还有四五个跟赵朴初年龄相仿的孩子,为了让他们接受更好的教育,大人们决定在府内办一个私塾。听说离家不远的蔡家河,有一位名叫蔡少珊的教书先生,他饱读诗书,博学广识,教学有方,在当地颇有名气。于是,赵家专门派人去把蔡先生请到状元府坐馆。

在私塾里,赵朴初如鱼得水,学得可起劲了。很快,先生就发现,赵朴

▲ 赵朴初祖宅状元府淹入花亭湖中。2005年,太湖县委、县政府于今寺前镇恢复建设状元府,作为赵朴初纪念馆

初比别的孩子接受能力要强：学书法，赵朴初写得最漂亮；学诗文，赵朴初背得最流利；学写作，赵朴初妙笔生花。但是，老师要照顾到其他孩子，讲的常常是赵朴初知道的，因此，时间一长，赵朴初就因"吃不饱"而心不在焉了。

初夏，院里的树木长得格外繁茂，在团团绿荫的庇护下，花坛里的花争奇斗艳，跟院里的孩子们一样，一派勃勃生机。坛中央有一棵两人高的枇杷树，此时正值枇杷成熟的季节，大串的枇杷垂下来，伸手就够得到。暖暖的阳光挂在枝头，满树枇杷被镀上诱人的金黄色。孩子们人坐在屋内，眼睛却被枇杷勾住了，哪还有心思读书？

一天，蔡先生布置好作业让孩子们写，自己就出去了。趁先生不在，几个胆大的相邀跑到树下，摘下枇杷，狼吞虎咽地吃起来。赵朴初素来最守规矩，可此刻凳子上竟像长了钉子似的，他再也坐不住了，也跑过去，接过姐姐递给他的几颗枇杷，吃得津津有味。

大家吃得正欢，蔡先生突然回来了。先生一见空空的教室，再看枇杷树下一片狼藉，顿时脸一沉，戒尺握在了手里：

"是谁带的头？"

孩子们没有想到，平时和蔼可亲的先生竟也会发火。看着他手里的戒尺，孩子们吓得大气都不敢出，姐姐的腿都在发抖。

"先生，是我带头的。"

突然，一声稚嫩的童音打破了沉寂。小伙伴们循声望去，是赵朴初！他鼓起勇气，第一个向先生承认错误。可是，明明他是最后一个才出来的呀！小伙伴们不由得向他投来了赞许的目光。蔡先生心明如镜，他哪能不清楚，他最看好的学生怎么可能带头违反纪律？但是，没有规矩，不成方圆。蔡先生向来赏罚分明，绝不会姑息学生犯错。那天，他用戒尺狠狠地打了赵朴初的手心。这一幕，恰好被父亲看到了，父亲假装毫不心疼，笑呵呵地对蔡先生说:"打得好,打得好,狠狠地打。"赵朴初再也忍不住了,委屈得号啕大哭起来。父亲心里明白,严师出高徒,只有严格要求孩子,方能让孩子明白,不对的事坚决不能做。

这件事让年幼的赵朴初对纪律有了敬畏之心,为人处事也更加有分寸。当然,日益进步的还有他的学问,他写的文章表述清晰、文辞优美,每次批阅下发时,蔡先生总要当着大家的面夸赞一番。每当这时,赵朴初的心里总觉得比吃了枇杷还甜。

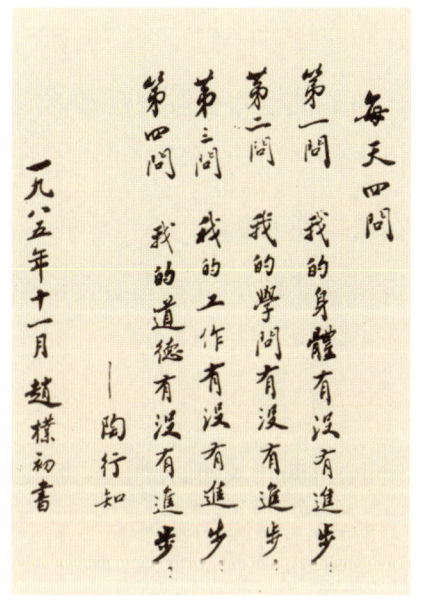

▲ 赵朴初书陶行知《每天四问》(1985年)

释文:

每天四问

第一问　我的身体有没有进步?

第二问　我的学问有没有进步?

第三问　我的工作有没有进步？

第四问　我的道德有没有进步？

——陶行知

一九八五年十一月　赵朴初书

赏析：

陶行知（1891—1946）是我国伟大的教育家。1942年7月20日，在育才学校三周年纪念会上，陶先生发表了一篇讲话，题为《每天四问》。从这四个问题不难看出，陶先生让人们要关注身体的健康、知识的进步、工作的责任和德行的养成，这反映了他的教育理念，值得今天的人们学习和借鉴。

赵朴初非常敬仰前辈陶行知先生，以他的《每天四问》督促自己日日有所进步。他还经常抄录《每天四问》，送给晚辈，作为对他们的要求和勉励。1985年，赵朴初书法进入成熟时期。这幅作品书写认真，笔力遒劲，形体端庄，饱含赵朴初对晚辈的关爱与希望。

对对子和背书

状元府里家规多：不说脏话不打架，孝顺长辈常请安，兄弟姐妹不争抢……这些规矩，赵朴初都一一记在心里，并内化为他日后儒雅、敦厚的为人处世风格。

状元府里书也多。父母经常吟诗作对，写字题画。赵朴初耳濡目染，也对读书产生了浓厚的兴趣。他最喜欢待在书房里看父亲读书习字，还学着父亲的样子写写画画。父亲见孩子感兴趣，就找来柳公权的字帖，让赵朴初每天练两张。赵朴初一开始就表现出惊人的天赋，后来他一直坚持练习书法，取各家之长，终于独成一派，形成了秀逸端庄、严谨缜密的"赵朴初体"。

除了练习书法，父母一有空，还教赵朴初背唐诗宋词，再加上蔡先生教导有方，赵朴初很快就学完了《龙文鞭影》《诗经》《论语》等书，八岁时便能诗善对了，成了名副其实的学习小能手。

有一天，赵朴初又在父亲的书房里找书看，将书架上整齐的书弄乱了，散落一地。母亲恰好撞见，随口一句："七零八落。"

赵朴初慌乱之中脱口对出："九死一生。"

母亲见儿子才思如此敏捷，非但没有怪罪，反而十分高兴，认定了儿子是个可塑之材。从此，多少个夜晚，在状元府的一间小房子里，就着一盏小油灯，母亲悉心教授儿子读书习字，讲述许多古人故事，譬如"铁棒磨成针""头悬梁锥刺股""囊萤映雪"等等，都使赵朴初深受教育。这母慈子孝的动人场景，成了赵朴初一辈子最美好的回忆。

赵朴初有兄弟姐妹七人，分别是姐姐赵鸣初、赵默初，弟弟赵述初，妹妹赵循初、赵敏初、赵婉初。姐姐赵鸣初比赵朴初大三岁，也跟弟弟一样聪明伶俐，一块儿在私塾读书。

有一次，蔡先生要求大家背诵王勃的《滕王阁序》。三天后检查时，几个学生因背不出来，挨了蔡先生的戒尺。赵朴初眨巴着大眼睛，手心都是汗，因为那几天他由于贪玩也没有背熟，轮到他时，果然背得结结巴巴。没想到轮到姐姐赵鸣初背诵时，她却像竹筒倒豆子一般，背得准确又流畅："豫章故郡，洪都新府。星分翼轸，地接衡庐。襟三江而带五湖，控蛮荆而引瓯越……"

▲ 赵朴初的母亲（前坐者）及姐妹们

这时，赵朴初羞愧得低下了头。他暗下决心，一定要向姐姐学习，不贪玩不马虎。晚年，赵朴初还将此事写进了诗中呢。

姐姐赵默初就有点可怜了，小时候摔了一跤，虽然保住了性命，但失去了语言能力，因此不能进私塾。家中许多家务事都是哑姐承担的，哑姐十分爱护赵朴初，有什么好吃的、好玩的，必留给赵朴初。她还经常比画着，给赵朴初讲一些新事、奇事。姐弟俩感情极深。

1945年，哑姐不幸病逝，年仅40岁。赵朴初惊闻噩耗，非常悲痛。1990年，赵朴初回到阔别64年的故乡太湖，专门去哑姐坟上祭拜，献上一束洁白的鲜花，表达了对哑姐无限的怀念。

题《篝灯课读图》① （自度曲）

可贵处，不在画。先看题，后读跋。啥缘由，许多名吏名儒都给它作了高评价？自古来，寸草春晖，永远有说不尽的恩情话。问何处是天堂，它就在母亲膝下。

注释：

①篝灯：指外罩有竹笼的灯火。课读：指进行教育活动，传授知识。《篝灯课读图》是清朝道光年间解元费耕亭为纪念母亲，请他的同榜好友王世绂所画的一幅母亲在灯下教儿识字读书的图画。主考官为嘉奖费耕亭不忘母德，亲自为其题写卷首并作序，林则徐、梁章钜、王引之、张之洞等名吏名儒都有题咏。

赏析：

自度曲是诗词大家自己创制的词曲调，也叫自制曲。1991年除夕，刘放同志出示新近所得的《篝灯课读图》，请赵朴初题词。赵朴初认真研读此图后，为其题写了这首自度曲。赵朴初在这首自度曲中尽情地歌颂了母爱的伟大。人世间，唯有母亲恩深似海，"问何处是天堂，它就在母亲膝下"。语言平实、生动、简洁，明白如话，令人赞不绝口。

游佛图寺

一转眼，赵朴初12岁了。正值重阳佳节，金菊吐香，秋高气爽。爱好风雅的父亲决定去佛图寺观光，并带上赵朴初一道，这让赵朴初好不高兴。

吃过早饭，赵朴初跟着父亲出了门，沿着寺前河走。河弯弯曲曲，有许多石桥，一会儿过桥到河那边，一会儿又过桥到河这边。经王家畈，上马石岭，穿油榨洲，一山走过，一山又迎来。远远看见一山突起，作峥嵘之状，半山腰上，现出一丛茂盛的竹林。竹林中，一石塔如春天的竹笋高高耸起，凌空傲立，令人称奇。

赵朴初满心好奇，走得不知疲倦。终于走进那片竹林，穿过林中一条羊肠小道，看见一座宏伟的石门。两块大石上覆一块巨石，形成一个天然的山门，石上刻有明朝太湖知县李盛英题写的三个篆体大字"天就门"。赵朴初没有学过篆体，父亲就现场进行了详细讲解。

过了天就门，就到了佛图寺，几间房屋东倒西歪，周围杂草丛生。此寺相传为西晋、后赵时期高僧佛图澄所建，也因此而得名。香火最盛时，曾有僧房八十余间，僧人百余人。后来寺庙毁于战火，只剩下荒废的庙基。

走过庙基，眼前出现一片陡峭的石崖，但有路可行。石壁上还有明代人留下的石刻："锦石巧留天柱塔，青山应作状元峰。"过八正桥，进了生白洞，洞在石壁中，幽深阴凉，可以清晰地看见洞壁上有石刻阳文"生白"二字。

赵朴初问父亲："'生白'是什么意思？"

这自然难不倒一肚子学问的父亲："'生白'，出自《庄子·人间世》，原句是'瞻彼阕者，虚室生白，吉祥止止'。'虚室生白'就是说，心中没有杂念，就能生出智慧，达到一种清澈明朗的境界。"

▲ 佛图寺天柱塔

出了生白洞，抵达天柱塔。此塔高数丈，为岩石自然风化而成，真可谓不可思议。

父亲又给他讲起关于这个塔的民间传说："古时候，有姑嫂二仙下凡，到佛图山游玩，因爱这里美丽的风景，想为佛图山再造点胜迹。两人商量好了，姑造山门、嫂砌塔，并约好鸡叫时便回天庭。山门简单，姑先造好了，便模仿鸡叫。嫂尚未砌好塔，听到鸡叫，只得弃塔而去，所以这石塔没有顶。"

赵朴初说："那姑真刁！"

1985 年，家住蔡家河的蔡铸锟老师曾写信给赵朴初，赵朴初回了一封信，信中说："佛图寺，小时曾往一游，犹记'天就门'三字是篆刻……"

在寺前河的下游，还有一座狄梁庙，庙后有狄公墓。唐代名相狄仁杰曾被贬任江西彭泽县令，彭泽与太湖相隔不远，狄仁杰经常到太湖来游玩。狄仁杰去世以后，当地人为缅怀他，建衣冠冢和狄梁庙。当时庙还在，庙里供奉的狄公像高大威严。父亲也带赵朴初来这里拜谒过狄公，给他讲述狄仁杰断冤案的故事，赵朴初听得津津有味。他希望将来长大了，也像狄仁杰一样，清正廉明，无所畏惧，把一生献给人民。

晚年的赵朴初与人谈起在家乡寺前河边度过的岁月，他说："我的整个启蒙教育都是在故乡接受的。别看老师都是些普普通通的民众，却给了我智慧，把我引上了探索学术的道路。"

释文：

每天的提醒

我每天上百次地提醒自己，我的精神生活和物质生活都依靠别人（包括活着的人和死去的人）的劳动，我必须尽力以同样的份量来报偿我领受了的和至今还在领受着的东西，我强烈地向往着俭朴的生活，并且常常为发觉自己占有了同胞过多劳动而难以忍受。

——爱因斯坦

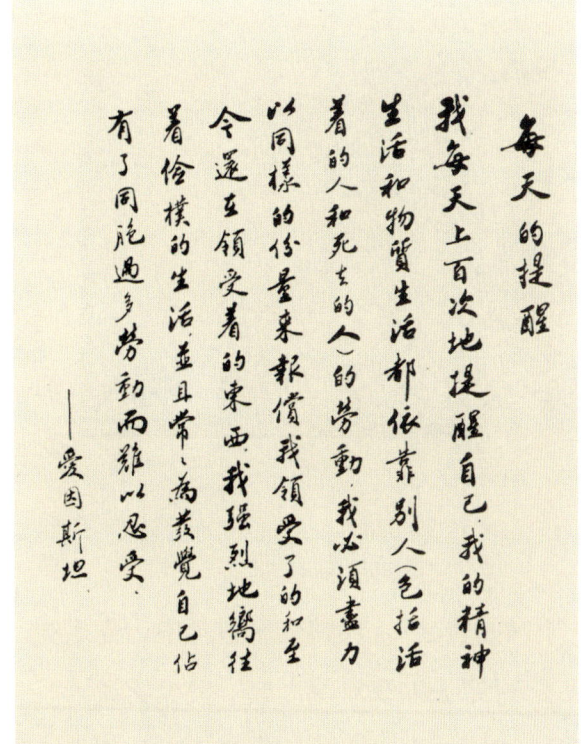

▲ 抄录爱因斯坦《每天的提醒》（1985年）

赏析：

爱因斯坦（1879—1955），现代物理学家。他认为，人在世界上，都是依赖别人的劳动而得以生存的。事实也确实如此，我们每天的吃穿住行，都是别人为我们创造或提供的。因此，我们必须尊重别人，厉行节约。一个对人类作出伟大贡献的科学家尚且如此，我们普通人更应该做到。

而这段话，也是赵朴初人生的写照，他提倡知恩报恩，提倡特别要记得每个人的恩情，要报众生之恩。这幅书法与《每天四问》写于同一时期，同样为写赠晚辈，是赵朴初书法代表作品之一。

到上海读书

▲ 赵朴初与关大姨

赵朴初在上海有个大姨,叫关静之,是他母亲的结义姐姐,湖北人。关大姨的父亲是个很有名的读书人。关大姨的弟弟叫作关絅之,举人出身,精通英文,在上海租界当法官,赵朴初称之为"关大舅"。这位大舅不仅很有学问,而且为人正直,爱国,有民族气节,他曾加入爱国组织"中国同盟会",还秘密救过孙中山先生呢。

母亲去上海看关大姨,关大姨说:"三代住乡子孙愚。"她建议母亲一定要让赵朴初走出小山沟,到上海来读书。母亲觉得关大姨说得有理,虽然舍不得赵朴初离开身边,但是为了赵朴初的成长,还是同意了。将要离开寺前河畔的家,母亲语重心长地叮嘱赵朴初:"要像孝顺父母一样,孝顺大姨和大舅,好好读书,不要挂念家中。"懂事的赵朴初安慰父母亲说:"儿子不管走到哪里,一颗心永远都向着你们,血脉永远都连着你们。"

这是13岁的赵朴初第一次出远门,家里所有人及附近乡亲都出来相送,沿着寺前河畔那条大道,送了一程又一程。

来到上海,一个全新的世界在赵朴初面前展开:高楼大厦,车水马龙,林立店铺,摩登男女……让这个从大山里来的孩子有些不太适应。还好,住在关家,关大姨就像母亲一样,给了赵朴初无微不至的关怀。

赵朴初在关家成了备受宠爱、重点栽培的对象。由于小时候打下了基础，赵朴初的古文功底深厚，但大舅关絅之担心如果他直接升入中学，英语可能跟不上。于是，他把赵朴初送到好友陆先生家读书，专门补习英语、算术和地理。

赵朴初心里牢记父母和大姨、大舅的话，学习非常刻苦。每天早晨，他起床后第一件事就是给关大姨和关大舅请安，接着背诵英语单词，然后背着书包上学。在学校，赵朴初听课认真，深受老师的喜爱，并总能非常出色地完成各门功课。而放学回家后，赵朴初又是先去给关大姨请安，然后完成作业，如果有空，就练习写字。

练习书法，对于赵朴初来说，也是一种乐趣。除临摹欧阳询、王羲之等人的字帖外，他还特别喜欢写"空心字"。写空心字不是一笔一画地描，而是顺着轮廓线一气呵成，这不仅需要眼力，还需要智慧。赵朴初眼明、手勤、心静，又有着扎实的书法基础，因此写得非常漂亮。

关大姨越来越喜欢这个聪明、温顺、听话的赵朴初了。每天，她亲手为赵朴初准备各种吃的，怕他饿着；每晚，她在灯下耐心陪伴他完成各种功课。当然，关大姨也不是一味地溺爱。当赵朴初犯错误时，关大姨绝不纵容，一定让他改正错误。

1922年，赵朴初考入东吴大学附中。1923年，以全优成绩考入附中高中部。东吴大学的管理和教学质量都是一流的。班主任兼国文老师薛灌英是安徽天长人，在这里教了20多年书了。他初见赵朴初时，这个身材瘦弱、文静的青年，给薛老师留下了极好的印象。得知赵朴初是安徽太湖人，薛老师高兴地说："我们是老乡啊！"赵朴初不仅学习好，还热爱文艺、体育等，可谓全面发展。

在薛老师的提议下，赵朴初被选为班长。这时的赵朴初不再有初来上海时的腼腆，变得落落大方。他学习非常用功，成绩特别优秀，且有较好的组织能力，受到同学们的赞许，班级工作开展得有声有色。

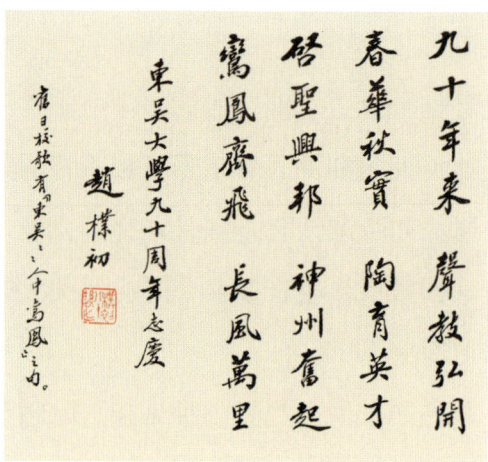

▲ 赵朴初书《东吴大学九十周年志庆》（1991年）

释文：

九十年来，声教弘开。春华秋实，陶育英才。启圣兴邦，神州奋起。鸾凤齐飞，长风万里。

东吴大学九十周年志庆　赵朴初
旧日校歌有"东吴东吴，人中鸾凤"之句。

赏析：

赵朴初1920年离开家乡到上海，1922年考入东吴大学附中，后上东吴大学（现苏州大学），1927年因病肄业。1991年，恰逢东吴大学90周年校庆，赵朴初写此题词为贺。

这幅书法作品字形偏扁，结体紧密，笔画圆润，全篇布局合理，清新雅致，展现了赵朴初20世纪90年代书法作品的典型风貌。

诗传天下

"忠厚传家久,诗书继世长。""腹有诗书气自华","读书万卷始通神"。儿时父母的谆谆教导,赵朴初都一一铭记在心,并努力践行。他一生作品丰富,创作诗词曲信手拈来,意趣横生。悟性之高、灵性之妙只是一方面原因,而他勤于钻研和善于观察事物也非常重要。

可以说,在家学的熏陶、父母及老师的影响下,赵朴初很小就开始学写诗词。在《片石集》前言中,他写道:"幼年时,由于家庭和环境关系,胡乱读过一些古诗词,逐渐受到了感染,发生了兴趣。"

赵朴初到上海后,诗艺日进,创作了很多诗。因为工作太忙了,他写诗都是利用工作的间隙,而且写得很快,很多诗都是急就章。灵感袭来,他就随手找一张纸条,甚至是餐桌上的餐巾纸,用来写诗。更重要的是,他写诗不仅仅是出于个人爱好,而且因为对艺术有着无止境的追求。

起初,赵朴初写的多是旧体诗,虽也尝试写过新体诗,但他认为写得都不理想。新事物,新情感,新思想,是否都可以入诗?如果可以,应当如何写?旧形式是否可以用?如果可以用,应当如何用?这些都是经常在他脑中萦绕的问题,他一直在不停地探索着。直到毛主席发表《在延安文艺座谈会上的讲话》,这才拨开了他头脑中的迷雾,给了他继续探索的勇气。

赵朴初从人民大众的口语和古今中外的诗歌遗产中借鉴形式、积累素材,来表达情感。他开始逐渐倾向于多采用我国诗歌的传统形式,即诗、词、曲,依照"古为今用"的方针,来书写新的生活。

欣欣向荣的社会主义建设,为和平事业奔走于世界各地的所见所闻,都激发了赵朴初,诗情如泉水般从他的心底涌出。他将诗作为歌颂祖国建设与发展的号角,作为与各国人民增进交往、加深情谊的手段,从而创作了大

  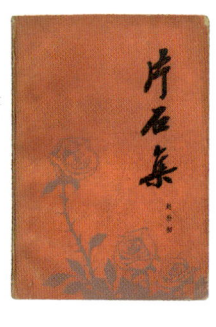 

▲ 《滴水集》　　▲ 《永怀之什》　　▲ 《片石集》　　▲ 《赵朴初韵文集》

量激情澎湃、别具特色的诗歌。

1961年，赵朴初第一本诗集《滴水集》由作家出版社出版。1978年，赵朴初将诗作再次结集为《片石集》，由人民文学出版社出版。他对为何取名为"片石"是这么解释的："对于一个求索者的我来说，倘能在这曼曼修远的道路上做一片铺路的小石头，即使将被车轮碾碎，终究能起一点垫脚的作用，也还是可以欣幸的。"《片石集》首印30万册，很快就脱销了。

1963年至1964年，赵朴初写了三首曲子，用极其犀利的语言、辛辣的幽默和入木三分的讽刺，深刻揭露国际上反华小丑的面目，真正是"嬉笑怒骂，皆成文章"。这三首曲子传到了毛主席的手上，毛主席十分欣赏，并建议改名为《某公三哭》公开发表。在报纸上公开发表前，毛主席还亲自写了"某公三哭"四个大字作为总标题。

1965年2月1日，《人民日报》发表了《某公三哭》，地方报纸纷纷转载，《某公三哭》还在中央人民广播电台新闻和报纸摘要节目中播诵，一下子，《某公三哭》震动了文坛，轰动了全国。

第一章　勤奋好学

病房生活

正是得益于勤奋好学、临池不辍，赵朴初写得一手好字，再加上他的文人风范，其字更具文人书法的特点，在社会上的名气越来越大。

▲ 病住北京医院的赵朴初，在病房里为人题字

20世纪五六十年代，赵朴初就经常应邀参加一些书法活动。到日本去访问，书法成为他带给日本朋友的最好礼品。1977年，北京市书学研究会成立，成就与声誉并高的赵朴初即被推为会长；1981年，在中国书法家协会第一次代表大会上，赵朴初又当选为书协副主席。此外，他还曾担任过"天下第一名社"西泠印社的名誉社长。可以说，从当代书法史、书法发展史和印学发展史等各个角度来看，赵朴初都是无法绕开的一个历史性坐标。

赵朴初字好，人更好。因此，通过各种关系来找他求字的人络绎不绝。他曾写诗自嘲曰："漫云老矣不如人，犹是蜂追蝶逐身。"意思是说，不要说自己老了，不如别人，但是有求于自己的人仍然很多，自己好像一朵花儿被蜂追、被蝶逐。

晚年的赵朴初身体欠佳，1994年后，成了北京医院的常客。

住进医院，有医生挡驾，找他的人少了，清静了许多。按理说，赵朴初可以好好歇一歇了，可是，当勤奋成了一种习惯，赵朴初却怎么也歇不下来，仍然在病房里，天天批阅文件，看报纸，关心国家大事。遇有重大事情，还磨着医生批准他暂时出院。再有空闲，就是写作、读书与练习书法。

病房生活无人来扰，难得清静、闲适，为赵朴初带来了灵感，一事一物都能激发他的诗情。友人送来的花、窗外的风景，都化为他笔下的诗句，他为此写下了许多情趣盎然、意味隽永的诗作。如《病房生活》（二首）：

> 读书可千卷，但观其大意。
> 引睡山谷诗，陶情东坡集。
>
> 抛书洗足已，倒床喜何如。
> 一天堪一笑，倚枕又翻书。

每天，他都要读黄庭坚（字山谷）与苏轼（号东坡）的诗集。抛下书去洗脚，最喜倒在床上，又可拿起书，倚枕翻一翻，赵朴初读书之勤由此可见一斑。

在病房里，赵朴初还练起了草书，临摹孙过庭的《书谱》。夫人陈邦织怕他劳累，就藏起了印章，让他少写一些。赵朴初写字找不到印章时，总会问夫人："我的印章在哪里？"夫人陈邦织故意不说，关心地提醒他："找不到就歇歇吧，等病好了再写也一样。"可赵朴初一天不写字就似乎很难受，即使找不到印章也丝毫阻挡不了他习字的热情。这也是赵朴初后期的很多作品都没有盖上印章的原因。

对于赵朴初来说，写字、赋诗可不仅是闲情雅致，它们在赵朴初从事的各项事业中，均发挥过特殊的作用。

赵朴初虽是名人，是书法大家，但他从不摆架子。只要身体允许，凡是有向他求字的，他尽力而为；虽然晚年身体不好，可凡是有益于社会事业的，他一定会尽量满足。他一生以字结缘，却从不卖一幅字，这使他的字在高雅的审美内涵之中，更散发着美好品德的芬芳。

病房生活

苦笋味初尝,因念怀素帖。

云何"异常佳",九嚼而三咽。

赏析:

1994年底,赵朴初因病住进北京医院,写下《病房生活》(十三首),这首诗是其中之一。赵朴初因初尝苦笋,而联想起怀素帖,有感而写下这首诗。苦笋,又名甘笋、凉笋,其味略苦,有清热等功效。

怀素(725—785,一作737—799),本姓钱,字藏真,唐代大书法家,以善"狂草"著称,史称"草圣",永州零陵(今湖南永州)人。《苦笋帖》是怀素的传世名帖,其内容为"苦笋及茗异常佳,乃可径来,怀素上"。赵朴初一生临池不辍,即使生病住院,也不忘认真揣摩和研究前人的法帖。这首诗生动地描述了他初尝苦笋和揣摩怀素《苦笋帖》的情景,尤其是"九嚼而三咽",形象生动,使人难以忘怀。

第二章 救国救民

参加五卅运动

20世纪初,华夏大地风雨如晦。在帝国主义的野蛮侵略下,中华民族备受欺凌;在封建地主的残酷剥削下,广大农民蒙受苦难。年轻的赵朴初目睹了这些情形,立下救国救民的远大抱负。

1925年5月15日,上海内外棉纱厂第七厂的日本资本家借口存纱不够,故意关闭工厂,停发工人工资。工人、共产党员顾正红带领群众与资本家理论,要求复工并发放工资。日本资本家非但不允,还向工人开枪射击,打死顾正红,打伤工人10余人。这成为五卅运动的直接导火线。

在中国共产党的领导下,5月30日上午,工人、学生3000多人,分组在南京路和其他繁华马路散发反帝传单,进行爱国演讲,抗议帝国主义枪杀顾正红、抓捕学生的罪行。租界当局大肆拘捕爱国学生。当天下午,仅南京路的老闸捕房就关押了100多人。大批愤怒的群众聚集在老闸捕房门口,高呼"上海是中国人的上海!""打倒帝国主义!""收回外国租界!"等口号,要求立即释放被捕学生。英国捕头竟调集通班巡捕,公然开枪屠杀手无寸铁的群众,打死13人,伤者难以计数,制造了震惊全国的"五卅惨案"。

当天深夜,中共中央再次召开紧急会议,决定由瞿秋白、蔡和森、李立三、刘少奇和刘华等组成行动委员会,领导这次斗争,组织全上海民众罢工、罢市、罢课,抗议帝国主义者屠杀中国人民的暴行。

第二章　救国救民

▲ 东吴大学青年会总干事部全体成员合影，赵朴初（左二）任青年会副会长

赵朴初当时在苏州东吴大学附中读书，五卅运动的消息很快传到苏州。惨案发生的次日下午，赵朴初就作为学生代表之一，到苏州北局青年会参加了苏州学联召开的紧急会议。苏州学生也停课声援，赵朴初和同学们加入游行大军中，支持上海工人运动，抗议帝国主义者在中国的罪行。

东吴大学附中全体同学还召开了特别会议，选举赵朴初等10人组成"临时执委会"，领导"所有援沪案一切事务"。6月2日，苏州20余所学校的学生到体育场集会游行。东吴大学附中的学生则在赵朴初等10人组成的执行委员会领导下，组织了30支演讲队伍，沿途演讲并散发传单。

赵朴初想到一个问题：上海工人罢工后，他们的经济一定很困难，我们能否支持他们呢？他建议："我提议大家以吃素代尝胆，倘若全体同学茹素两星期，即可募集一些伙食费救济上海工人，尽管杯水车薪，但总计起来，就是不小数目，或可在全国带动其他地方募捐。"这一建议得到执行委员会一致赞同。3日,他们在东吴大学附中募捐到第一批捐款,就立即汇款300元给上海总商会。据说这是该会收到的全国第一笔捐款。次日,苏州学联组织26所学校的100多名学生代表开会,决定6月6日为苏州各校募捐日。到6月20日,苏州学联共募捐到17300余元。

值得庆幸的是,赵朴初的大舅关絅之时任上海租界大法官,恰好审理"五卅惨案"。他顶住压力,以铁的事实,批驳了工部局巡捕房的指控,认定没有可以证明被告青年学生有暴动之举的证据,将他们一律释放。这一判决,极大地鼓舞了全国人民的爱国热情。

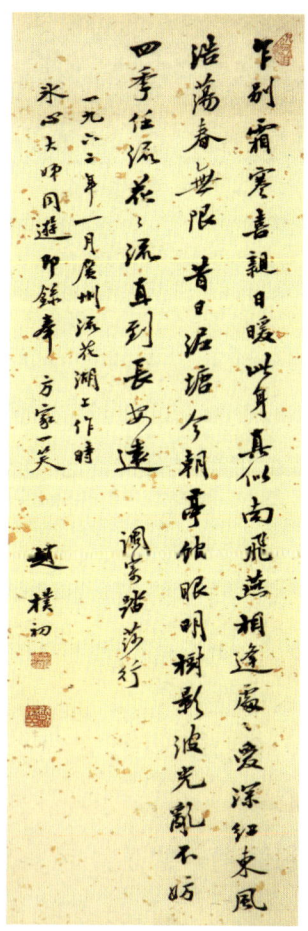

▲《广州流花湖上作》(1962年)

释文：

乍别霜寒,喜亲日暖。此身真似南飞燕。相逢处处爱深红,东风浩荡春无限。　昔日泥塘,今朝亭馆。眼明树影波光乱。不妨四季任流花,花流直到长安远。　调寄踏莎行

一九六二年一月,广州流花湖上作,时冰心大姊同游,即录奉方家一笑。

赵朴初

赏析：

1961年底,中国作家协会组织赵朴初、冰心一行到广东、海南等地参观。

这幅书法作品是赵朴初赠给冰心的。赵朴初与冰心友情深厚,称呼冰心为大姐(大姊)。这幅行书作品写于20世纪60年代,用笔极具劲道,气势清新流畅,意气风发。

勇救难民

1937年七七事变爆发前夕，战争的阴云笼罩着华夏大地。为应对日趋紧张的局势，上海市慈善团体联合救灾会（简称"慈联会"）成立，负责统筹难民救助工作，赵朴初当选常务委员，在仁济堂驻会办公。

上海社会局派来干部，掌管着"慈联会"的人、物、财权，但这些人又不管事，能推则推，能拖则拖。别人管的，赵朴初帮着出力；别人不管的，赵朴初管起来了，因此他得到一个绰号，叫作"不管部部长"。

日本侵略者的战舰已开进了黄浦江。八一三事变的前两天，"慈联会"租了10多辆卡车来运送难民。

8月14日，由郊区进入租界的难民挤满了云南路。当天，日寇飞机狂轰滥炸，下午4点多，一枚炸弹在上海"大世界"门前轰然坠下，繁华的马路上顿时血流成河。仁济堂门口挤满了难民，哭声凄厉，混乱不堪，办公室的工作人员和卡车司机也纷纷被吓跑了，无家可归的难民们哭成一片。

这时，赵朴初的朋友吴大琨来了，赵朴初对他说："你来得正好，我们把难民安置起来。"于是，他们各自手执一面红十字小旗，对难民们说："跟我们走，我们找地方安顿你们。"不远处，不时有炸弹落下来。但赵朴初与吴大琨毫无惧色，率领难民们脱离险境，叩开了宁波同乡会大楼、金城大戏院等处的大门。这一夜，他们找到10多处安置难民的地方。

第二天，慈联会负责人关絅之、屈映光、黄涵之等几位老先生来了，听了赵朴初的汇报，看到国民党当局派驻"慈联会"的人员无一踪影，于是在"慈联会"下设了一个"救济战区难民委员会"，统筹办理难民的收容救济工作。屈映光任主任，下设收容股、给养股、遣送股等，关絅之推荐年轻、机智而勇敢的赵朴初任收容股主任，具体负责联络、分配款项等日常事务。

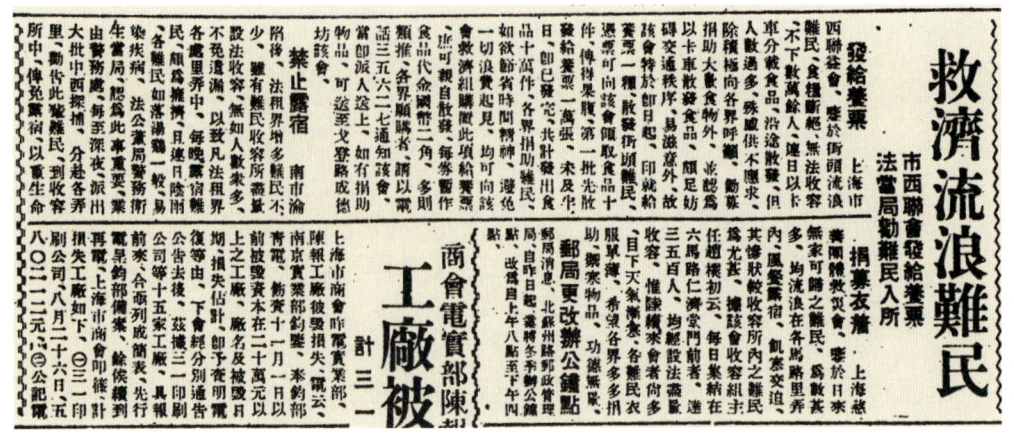

▲ 1937年上海《申报》对赵朴初开展救济难民工作的报道

随着淞沪会战的失败,上海沦陷,难民越来越多。"慈联会"所属的难民收容所先后有50多个。此后4年间,经赵朴初收容、安顿的难民达50多万人次。难民工作也引起了中共江苏省委的重视,他们派遣地下党员来到收容所,帮助、指导难民工作。

赵朴初从媒体、朋友和同学那里,了解到很多有关共产党的情况。国民党政府对日本侵略者的步步退让,让赵朴初感到愤慨,而坚决主张抗日救国的中国共产党人却令赵朴初敬重有加。当时,赵朴初负责难民收容所的人事工作,在他的帮助下,难民收容所接纳了许多共产党员,成立了"难民工作委员会",各收容所都有党组织。焦明、朱启銮、汤镛等人,是第一批来协助工作的地下党员。像刘述周、陈国栋、韩念龙等共产党员,也曾在难民收容所得到过掩护和救助。

共产党人的进步立场,坚贞骨气,铁肩担道义、慷慨赴国难的精神,鼓舞着赵朴初更加努力为救国救民做更多的工作,成为赵朴初一生取之不尽的精神财富。

智送难民到新四军

1938年，新四军军部搬迁到安徽泾县云岭镇，指挥华中敌后抗日战场的新四军部队。

但侵华日军甚是猖狂，随着上海、南京等大城市相继不幸沦陷，上海近郊、闸北和南京等处流离失所的工人、农民大批涌入租界，赵朴初的任务就是收容、安置这些难民。

党组织派来地下党员全力协助赵朴初收容安置难民，并指示地下党人发动难民支援刚改编的新四军。赵朴初虽然对有些地下党人的身份并不完全清楚，但对他们的工作极为满意，大家配合极为默契。

难民的出路问题，是赵朴初一直在考虑的。听说了新四军，赵朴初对地下党员焦明说："难民中的青壮年希望打鬼子，原来我不知道怎么与抗日武装接上头，现在听说成立了新四军，你能不能想想办法和他们联系上？"焦明毫不犹豫地答应了。

中共江苏省委批准了赵朴初等人关于运送青壮年难民加入新四军的计划后，焦明辗转来到了皖南泾县新四军军部，新四军首长叶挺、项英等人很高兴，表示非常欢迎上海难民参加新四军，并派干部余立金等前往上海接洽。

但问题来了。租界日伪势力要盘查，国民党肯定也要阻止，那么多难民怎么才能安全地送到新四军那里去呢？大家一时一筹莫展。赵朴初得知，"慈联会"副主席屈映光在上海租界租用英国船运货到温州做生意。他立即计上心来：船既然可以来往运货，那当然也可以运人了，是否可以通过这个途径把难民送到新四军去呢？

赵朴初找到"慈联会"负责人黄涵之，告诉他："温州一带有许多荒山野地，且未遭日军践踏，经联系，那边同意接纳上海难民前去垦荒。交通经费需我们支付，请涵老批准。"黄涵之正在为难民聚集上海头痛，听赵朴初这么一说，十分高兴，可他又担心租界工部局不同意，因为那么多人容易引起日本人注意。此时，赵朴初早想好了一条妙计，说："我们可以提议，把上海街头巷尾的流浪难民，一起送到温州去开荒种地，他们肯定会同意。"黄涵之很满意，说："好！好！就这么办。"

租界当局也表示赞成，答应为"垦荒"的难民发路费、衣服。租界各界人士还为此筹集物资和费用。这样，难民参加新四军一事就假借"移民垦荒"的名义筹备起来。

一切准备工作就绪以后，赵朴初以"慈联会"名义租用了一艘轮船，用租界当局提供的经费，给难民每人发了一套衣服，以及部分路费和安家补助。1938年8月18日，首批难民700余人乘坐敞篷大卡车分别到达金陵东路轮船码头，一道乘船前往温州。赵朴初到黄浦江头为奔赴新四军的青年送别。望着游轮破浪远去，他心潮起伏，壮怀激烈，写下《黄埔江头送行》一诗。

船抵温州后，已在那里等候的新四军同志把难民分成小队，带领这些特殊的队伍辗转步行近一个月，于9月顺利到达皖南新四军军部所在地——

▲ 运送难民的轮船驶出黄浦江

安徽泾县云岭。当赵朴初得知难民平安到达新四军军部时,他长长地吁了口气,一颗久悬的心终于放下了。

在赵朴初的推动下,上海难民收容所又先后输送两批难民,有的奔赴皖南加入新四军,还有的被输送到江苏南通等地。从1937年到1940年间,累计输送了3000人左右。

输送难民到新四军这件事得到了各方的赞同,它既解决了难民的生计问题,缓解了"慈联会"的救济压力,又壮大了新四军队伍。这些送出去的难民中,有许多人后来成为我党我军及社会各界的重要人物,如杨堤、薛暮桥、施咏康、丁士杰等。

黄浦江头送行

挥手汽笛鸣,极目楼船远。

谈笑忆群英,怡怡①薪与胆②。

雄风舞大旗,万流归浩汗③。

同弯射日④弓,待看乾坤转。

注释:

①怡怡:和顺的样子。

②薪与胆:"薪"指柴草,"薪与胆"使用了卧薪尝胆的典故,指睡觉睡在柴草上,吃饭睡觉前都要尝一尝苦胆,形容人刻苦自励,奋发图强。

③浩汗:同"浩瀚",水势盛大的样子。

④射日:用后羿射日典故,这里指拿起武器抗击侵略者。

赏析:

这是一首日记诗。赵朴初国学功底深厚,长期养成了以写诗代日记的习惯。全民族抗战初期,上海、南京相继沦陷,大批难民流落街头。此时,赵朴初在上海负责收容难民工作，经与共产党地下组织联系，将一批有志抗日、年轻力壮的青年难民送往抗日前线皖南，参加新四军。1938年8月18日，赵朴初亲自到黄浦江码头送行。赵朴初伫立黄浦江头，目送运载难民的航船渐行渐远，汇入波澜壮阔的全民族抗日战争洪流，浮想联翩。赵朴初坚信，中国人民是打不垮的，全国各族人民团结一心，浴血奋战，同弯射日弓，胜利一定属于英勇的中国人民。

赶走日本教员

1941年，难民工作接近尾声。赵朴初又回到了觉园，一边帮助大舅关䌹之处理一些事务，一边参加抗日组织的活动。

"孤岛"上海难民聚集，其中不乏无家可归的少年儿童。此前关䌹之特在觉园办了个专收流浪儿童的慈善机构——净业流浪儿童教养院，收留了许多难童、流浪儿。为了照顾好他们，把他们培养成为对社会有用之人，关䌹之反复考虑，决定让年轻的赵朴初来负责教养院的工作。看到那些可怜的孩子，赵朴初毅然挑起了这副千钧重担。

赵朴初提出教养院以教养孤儿、帮助学生自立为宗旨，兼授文化知识和劳动技能。他认为："我们的教育目的，在于怎样纠正孩子们过去的缺点，教他们怎样做人，读书识字都是其次的。教养院应该是一座桥梁，把孩子们从黑暗的一头，带到光明的一头。"

赵朴初为教养院设计了院旗，确定了院歌。院歌由陈震中借用苏联歌曲谱曲，由赵朴初作词。有了院旗、院歌，教养院每天早晨都要做集体操，举行升旗仪式，以培养学生的组织纪律性和集体主义精神。

教养院通过开展军事技能演练、讲革命故事、唱革命歌曲等活动，进行革命思想启蒙教育和爱国主义教育。同学们在教养院及以后的少年村里奠定了革命的人生观，一些老师、同学还加入了上海地下党组织。

皖南事变后，根据地下党组织安排，有方南君等百余名新四军的小同志曾寄养于教养院。一下子多了这么多学生，让日伪特务有所疑心。一天，日伪特务机关派来了一个科员，说是"关心孤儿的教养"，来检查指导工作，实际上是来监视的。赵朴初自有办法对付特务，他让教养院的老师带学生到大殿里排成圆圈，若无其事地正常开展活动，日常照样读书做工、吃饭睡觉，看不出有什么特别的地方。结果那个特务住了两天，没发现什么异常，一无所获地走了。

不久，日伪又派来了一个日本女教员。这个教员根本不把中国人放在眼里，来到教养院后，第一节课就别有用心地教孩子们念日语，但学生们个个都不愿意学，总是故意以不懂来回答。她又教学生唱侮辱中国人的歌，学生们更加生气，他们要么不张口唱，要么故意曲不入调，乱哼一通，硬是把这个日本女教员给气走了。

1946年，儿童教养院改组为上海少年村。少年村的经费主要靠赵朴初筹集，也得到过其他救济团体的资助。少年村实施六大教育，即生产教育、组织教育、思想教育、纪律教育、知识教育、文娱教育。赵朴初对少年村感情很深，每个月会来巡视两三次，总是告诫孩子们"我为人人，人人为我"。教职员工尊他为老大哥，孩子们尊他为父亲。

▲ 1948年，赵朴初（中排穿西装者）、关静之大姨（中排长者）、陈祖芬（中排穿旗袍者）与少年村孩子们合影

据统计，从 1940 年到中华人民共和国成立前，教养院和后来的少年村先后收容、教育难民儿童 3000 多人，这里面很多人长大后都成了社会主义建设的有用之才。

释文：

岂能北辙又南辕？无北无南八表昏。信有修能遭众嫉，竟教积毁铸沉冤。鸱枭在室悲弓折，魑魅甘人可理论？逼窄江南容后死，弥天泪雨望中原。　　哀辛士

一九四一年为皖南事变作，辛士，新四之谐音也。

九七年秋书　朴初

赏析：

1941 年，皖南事变发生，赵朴初对消极抗日、积极反共的国民党政府感到极度的失望和痛恨，写下这首诗。1997 年，赵朴初再度抄录这首诗，表达了对中国共产党的敬意。

这幅作品俊朗神秀，达到了炉火纯青境界。这时候，赵朴初身体不好，病住医院，作品中笔墨劲道虽有所减弱，但其中的骨力更加彰显。

▲ 赵朴初书《哀辛士》（1997 年）

发起成立中国民主促进会

中国民主促进会简称"民进",是中华人民共和国八个民主党派之一,是接受中国共产党领导、同中国共产党通力合作的中国特色社会主义参政党。赵朴初为其创始人之一。

1945年8月,中国人民经过14年艰苦卓绝的斗争,终于取得了抗日战争的伟大胜利。然而光明仍未出现,在国民党反动派的统治下,战争的硝烟又开始弥漫于华夏大地。

1945年上海两大政治性报刊《周报》《民主》先后创办,呼吁解放思想,实行民主政治。马叙伦、周建人、许广平、傅雷等成为两刊主要撰稿人。他们经常在一起聚会座谈,研究局势,商讨斗争战略。赵朴初喜欢阅读两刊,对马叙伦等人的政治主张深表赞同。

此时,共产党员王绍鏊也来到上海开展民主运动,经谢仁冰牵线,与马叙伦相识相知,大家主张扩大座谈会,多约朋友来参加。于是,赵朴初、梅达君、曹鸿翥、冯少山等也加入了座谈会。

随着斗争形势的日益残酷,为了揭露蒋介石反民主、反和平、反人民的罪行,拥护和宣传中共和平、民主、团结的建国方针,在马叙伦、王绍鏊带领下,他们决定建立一个永久性的团体,以便长期共同战斗。

1945年12月30日,中国民主促进会第一次会员大会召开。赵朴初兴致勃勃地来到中国科学社,他在门口签名簿上,郑重地写下了自己的名字。周建人、梅达君、雷洁琼等爱国民主人士都来了,大家追随马叙伦老先生,共同发起成立中国民主促进会。

会议提出以"发扬民主精神,推进中国民主政治之实践"为民进宗旨,为民族解放事业而奋斗。从此,民进作为一个有纲领、有组织、有纪律的革

第二章 救国救民

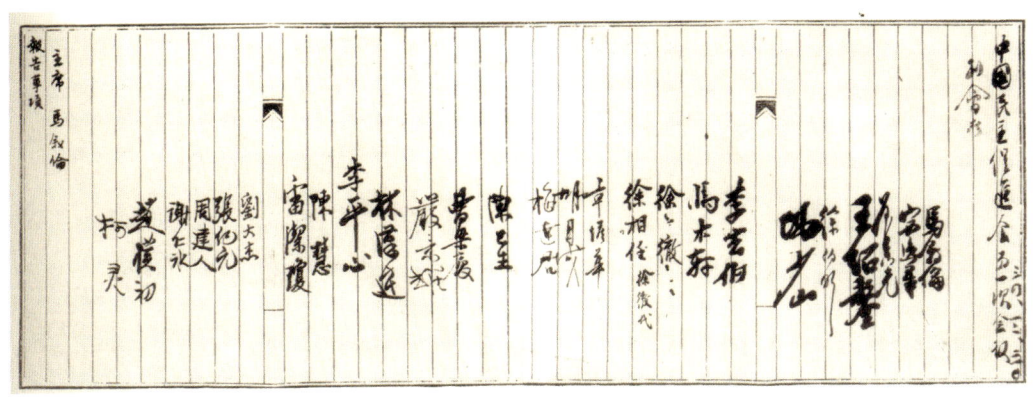

▲ 赵朴初在民进成立大会上的签名（左二）

命政治组织，在中国政治舞台上发挥着重要的作用。

民进成立后，先后发表了《对于时局的宣言》等一系列重要文件，提出立即结束一党专制、还政于民、停止内战、保障人民自由权利等政治主张。

1946年4月8日，王若飞、叶挺等乘坐的飞机在山西黑茶山附近失事。上海地下党决定开一个由各界参加的追悼会，而民进则是主要筹办者之一。最初借的是中国科学社的会场，但国民党当局以种种理由不让举行悼念活动。正当大家一筹莫展之时，赵朴初灵机一动，提议改在玉佛寺以佛事活动名义举行，这样当局就不好干涉了。大家都觉得这主意好。4月30日，追悼会在一片要民主、要自由的歌声中结束。国民党当局知道这一消息后，恼羞成怒，也惊恐万状。当天晚上，便有一班警察闯进了玉佛寺搜查，抓走了一个叫宗定的小法师。后来，赵朴初和大家多方协调才将宗定营救出来。

为了扩大和平民主力量，民进联络和团结上海52个主要群众团体组织，组成上海人民团体联合会。1946年6月23日，民进组织并参与在上海北火车站举行的十余万群众参加的反内战大会。赵朴初当时与民进会员陈巳生办了安通、华通运输公司，以便于为解放区运送物资。这天，他们派出公司车辆，运送游行群众。赵朴初又送由民进领导人马叙伦、雷洁琼等组成的赴南京请愿和平代表团上了火车。在南京下关，代表团成员面对国民党暴徒的铁棍和拳头，用鲜血写就对祖国和民族的耿耿忠心，这就是震惊全国的南京"下关事件"。

中华人民共和国成立后，民进以《中国人民政治协商会议共同纲领》等文件为纲领，制定了"接受中国共产党领导，以宪法为准则，为社会主义服务"的政治路线。赵朴初先后担任民进上海分会副主任理事、代主任理事、主任理事，民进中央常委、副主席、参议委员会主席、名誉主席，一直热心民进事务，是深受民进会员敬重的老前辈、老领导。

支援解放区

解放战争时期，中国共产党及其军队在解放区，面临着各种物资匮乏的困难。

1942年8月，宋庆龄在重庆重建保卫中国同盟，并继续领导保卫中国同盟直至抗战胜利。1945年12月，保卫中国同盟改组为中国福利基金委员会（宋庆龄担任执行委员会主席），总会从重庆迁到上海。中国福利基金委员会的主要任务是帮助中国人民的战后恢复工作。赵朴初得到宋庆龄的高度信任，担任中国福利会理事。在宋庆龄的领导下，大量的医药、医疗器械、服装等物资，被安排运往延安等地。宋庆龄曾亲自写信给赵朴初，请他帮助寻找仓库、工人，分配、运送物资。

赵朴初通过上海的福利机构，筹集资金，购买紧缺物品，再利用各种途径送往解放区。在那笼罩着白色恐怖的日子里，赵朴初以其大智大勇，与敌人巧妙周旋，留下了许多惊心动魄的故事。

为了能在上海为解放军购买和运送物资，又不至于被国民党发觉，赵朴初在友人的帮助下，组织成立上海安通运输公司和上海华通运输公司，担任常务董事、总经理，以这些身份作为掩护。

1948年，蒋经国在上海实行限价政策。一天深夜，学生王成根奉命来到觉园赵朴初住处。在一盏昏黄的灯光下，陈邦织把一根根金条打包装入一个皮箱，然后，把皮箱交到王成根手上，让他陪同赵朴初

▲ 赵朴初在中国福利会

去一个地方。

打开觉园的门，确认安全之后，他们上了一辆轿车，三弯九拐后，来到乌鲁木齐路愚谷村一户人家。赵朴初把皮箱交给这户人家，反复叮嘱保存好。王成根后来才知道，那是地下党员方行同志的家。金条是解放区派人送来买药品的，由于盖有老区的印，不能在上海流通，只得通过可靠的关系到中央银行去调换。赵朴初多次告诫王成根："一个人要做成一件事，一定要有点牺牲的精神。"

王成根和单意基有一个活动据点，由于叛徒出卖，被敌人破坏。两个人都上了警察局的缉捕名单，无处可藏。王成根没有办法，又只好偷偷来找老师赵朴初帮助。

得知情况后，赵朴初十分镇静，安慰他们不要慌张。随后，领着他们来到一个小公馆里，让他们在此避避风头。这个小公馆是国民党驻英大使施肇基的私宅，在他离开上海时，专托赵朴初代管的。敌人根本不会想到这里会藏有地下党员，单意基和王成根就这样躲过了敌人的追捕。

老同学吴大琨搞来了几台收发报机，这是解放区最需要的。赵朴初找到极为可靠的途径，把这几台收发报机安全送到解放区。

赵朴初负责少年村的工作时，有许多来自解放区的地下党员和进步人士来到上海，把少年村作为一个落脚点、中转站。在赵朴初的组织下，当时少年村还让学生成立了一个自行车小组，专门运送地下党员和进步人士，为他们保驾护航。用自行车载人，目标小，机动灵活，即使遇上特务跟踪，自行车三弯九拐，就把特务给甩掉了。

解放区送来的宣传材料，也经常通过赵朴初这条途径进入上海，如1947年底毛主席发表的《目前形势和我们的任务》重要文章，就是少年村同学帮助地下党员老师在半夜油印好，然后藏在废弃不用的自来水管子里，再在极为安全的情况下由同学秘密送往市区……

赵朴初就是这样冒着危险，不遗余力，不为名利，不计报酬，一心只求能早日解救人民于水深火热之中。

▲ 赵朴初书《认真》（1986年）

赏析：

这幅作品写于1986年，名曰《认真》。赵朴初也写得认真，笔力雄厚大气，让每一个观者都能对"认真"心生敬意，从而去努力践行"认真"。

迎接上海解放

1949年4月中旬，解放上海的战役即将打响。国民党军队仍不死心，还在负隅顽抗。为了保护少年村学生和校产的安全，赵朴初决定把少年村搬回市内的觉园。在赵朴初的安排下，搬迁工作井井有条地进行。

为迎接解放，5月2日，上海地下党发动上海各界人士成立了一个上海临时联合救济委员会，赵朴初任总干事。救济会主要工作是供给贫民饮食，维持治安，同时收容战区难民，并对国民党扔下的伤兵及残兵败将予以收容看管，以稳定社会秩序。这期间，赵朴初还经常和外国友人打交道，引进国际援助的物资，并将物资分成A类和B类，A类送到解放区去，B类留在上海救济难民。

由于对中国共产党的政策缺乏了解，上海许多知名人士面临何去何从的难题，犹豫不决。赵朴初想方设法找到这些人士，向他们宣传党的政策，动员他们留下来，迎接上海的解放。

1949年5月27日，上海全市解放。赵朴初等一些上海民进会员，以民进的名义，于当天发表了《告全市人民书》，庆祝上海解放，号召全体市民做好慰劳人民解放军、救护伤病员、检举潜伏特务、防止反动分子破坏捣乱等各项工作。

5月28日，宋庆龄在寓所迎来了前来向她祝贺的客人。赵朴初来时，宋庆龄微笑着把一朵红玫瑰花插进他的西装衣领，以赞美他在解放战争期间同中国福利基金委员会共同战斗的友谊。

6月1日，上海民进会员在上海红棉酒家召开了会员联欢大会。后经总部批准，民进上海分会正式成立，谢仁冰任主任理事，赵朴初任副主任理事。据赵朴初晚年回忆说："上海解放，我们的工作由秘密转向公开，天天忙得连饭也顾不上吃，事情总是做不完，重点是接收和救济。"

少年村的孩子们也动员起来了，一批骨干秘密参加了上海工人纠察队，负责觉园周围的巡查保护工作。当时觉园里住了国民党部队，虽然主要是伤员，但还藏有武器。孩子们在觉园里活动，不会引起国民党军队的警觉。国民党残兵看到大势已去，就把大量的武器弹药丢到放生池里。一个名叫张伟忠的孩子发觉了，立即报告老师。上海一解放，解放军就把这批武器打捞了上来。

▲ 1949年的赵朴初

上海刚解放那几天，社会秩序还未完全稳定下来，不法之徒趁机活动。赵朴初又从纠察队选出几个孩子，负责押运善后救济总署放在十六铺仓库的大米，将之转移到陕西南路的中国福利会。孩子们戴上红袖章，尽职尽责，一连运了三天，圆满地完成了赵朴初交代的任务。

演出队的孩子们在老师的带领下，扭着秧歌，唱着"解放区的天是明朗的天"，迎接解放军进城。一些孩子还报名参加了解放军。一个名叫陆关寿的孩子参军不久，就收到赵朴初的信，信上说："你参军后千万不要忘本，要永远为广大劳苦大众谋利益。"这句赠言，成为陆关寿一生的座右铭，鼓舞着他努力进取。陆关寿离休前，是空军飞行航校的一名干部。

新中国成立后，赵朴初担任华东民政部、人事部副部长和上海市人民政府政法委员会副主任，并负责华东生产救灾委员会的工作。

有一天，邓小平、陈毅到各单位检查指导工作。来到赵朴初办公室，邓小平问赵朴初："上海市现有多少难民？"

赵朴初回答说："上海游民、乞丐、小偷等共有60万之多。"

邓小平问:"这么多人,不好管呀,你有什么困难?"

赵朴初非常有信心地说:"困难是有的,但我们一定能解决。"

两位首长非常满意地点了点头。

赵朴初在解放军和社会各界的帮助下,妥善安置了所有的难民、游民,并发给他们衣服、粮食,对他们进行教育,使他们成为自食其力的劳动者,为保障上海解放初期的社会稳定、宣传党的政策做了大量工作。

参加开国大典

1949年初秋,解放不久的上海,天高气爽,艳阳照人,每个人心里都感到格外温暖、欢乐。一天,赵朴初接到通知,他作为正式代表,被邀请进京出席全国政协第一届全体会议,讨论新中国的建国大业。

明天就要去北京开会了。晚上,夫人陈邦织为赵朴初收拾行装,想到他是个佛教徒,在家一直吃素,说,到了北京,那么多人的会,很难照顾到个别人的饮食习惯。赵朴初笑笑说:"看来,我只好吃肉边菜了。""肉边菜"即荤菜和素菜一起炒制时,只拣其中的素菜吃。

9月6日下午,赵朴初和上海的代表一道坐火车离开了上海。火车走得很慢,8日才抵京,代表们在饭店住下。

到了吃饭时间,当赵朴初走进餐厅,在签到簿上写下自己的名字时,工作人员惊喜地说:"您就是赵朴初,请里面坐,有素席。"工作人员把赵朴初引进专门设置的一间餐厅,桌上摆的全是素菜。赵朴初感到非常惊讶,一打听,原来,这是周恩来总理特意安排的,这让赵朴初非常感动。他做梦也不会想到,这点小事还劳总理如此费心。那天晚上,他把这桌专门为他准备的素菜菜名一一记在纸上。这张纸,他几十年来一直珍藏着,作为永远的纪念。

正式开会前,赵朴初与代表们参与了《共同纲领》的讨论。赵朴初作为宗教界代表,对宗教工作提出了许多建议。闲暇时间,赵朴初还去拜会了一些师长和朋友,像马叙伦、严景耀、郑振铎、郭沫若、沈雁冰等,好长时间不见,大家都有说不完的话。

9月21日下午,赵朴初出席了中国人民政治协商会议第一届全体会议开幕式。这是新中国开基立业的盛典。中南海怀仁堂里,主席台上会徽金光

▲ 1949年10月1日，赵朴初（中）与梅达君（左）、李伯龙（右）等在天安门城楼上

闪闪，两边挂着孙中山、毛泽东的巨幅画像，还挂有"人民政治协商会议万岁"和"全国人民大团结万岁"的醒目标语。

毛泽东主席宣布："中国人民政治协商会议第一届全体会议开幕。"顿时，军乐奏响，礼炮齐鸣，赵朴初和各界各民族代表们一起，怀着激动的心情热烈地鼓起掌来。

开幕式上，全体代表聆听了刘少奇、宋庆龄等人的发言。

9月30日，政协会议完成了选举议程；通过了毛泽东起草的《中国人民政治协商会议第一届全体会议宣言》；通过了给中国人民解放军的致敬电；通过了竖立"为国牺牲的人民英雄纪念碑"的决定和纪念碑的碑文；并决定在天安门广场举行人民英雄纪念碑奠基典礼；尔后，大会举行了闭幕式，毛泽东宣布大会闭幕，朱德致闭幕词。赵朴初当选为全国政协委员，后还当选为中国人民保卫世界和平委员会委员。

下午6时，赵朴初又随全体代表来到天安门广场，参加人民英雄纪念碑奠基典礼，听取了周恩来代表主席团的致辞和毛泽东宣读的碑文，并为纪念碑奠基石培土。

10月1日下午3时，赵朴初参加了开国大典。

首都有30万人参加了庆祝大会，天安门前成了一片欢乐的海洋。随着毛泽东庄严宣告："中华人民共和国中央人民政府成立了！"站在天安门城楼上的赵朴初，和大家一起，见证了这庄严的时刻，他的心中感到无比骄傲自豪。

过瓯江

歇帆侧舵夺中流,人立波涛怒打头。
阔水高山千里过,更乘风浪下温州。

赏析:

20世纪50年代初,赵朴初身兼华东民政部副部长和上海市生产救灾委员会副主任,经常深入基层,调查研究。1952年夏,在深入浙东调研途中,乘船过瓯江时写下了这首七言绝句。瓯江,浙江省内第二大江,位于浙江南部。其时,瓯江风急浪高,而赵朴初深入基层,不顾山高水阔,征途艰险,高挂征帆,勇往直前。本诗反映了诗人满怀激情地投入到新中国建设中去的豪情。

第三章
播撒和平

主动表达和平之愿

1949年中华人民共和国成立,可是,由于美、英等帝国主义国家的阻挠,刚成立的新中国亟需建立正常的外交关系。特别是一海之隔的日本,虽然自古以来两国人民交往密切,可因为战争的原因,两国外交关系中断,给亚洲和世界和平带来了潜在的威胁。

为维护亚洲和平,防止战争再次发生,中国共产党领导中国人民,积极团结可以团结的国家,掀起了轰轰烈烈的保和平运动。1949年,赵朴初被选为中国人民保卫世界和平委员会常委、副主席,亚非团结委员会常委。此后周总理多次邀请廖承志和赵朴初到西花厅,与他们交流,让赵朴初充分发挥佛教在历史上与周边国家的友好纽带作用,开展文化交流,以与这些国家的民间友好促进正式邦交。周总理特别强调:"中日友好是亚洲乃至世界和平的保证。"

1952年10月,北京召开了亚洲及太平洋区域和平会议。有来自37个国家的代表出席。会议的任务为:"紧密地团结起来反对美国重新武装日本,以保卫亚洲及太平洋区域的安全;反对任何国家干涉他国内政,以保卫国家主权的独立和完整,并保证不同制度的国家的和平共处;坚持主张和平解决现有的冲突，以恢复并发展各国间正常的贸易关系和文化交流。"

中国成立了以宋庆龄为团长的代表团，其中有佛教界代表为圆瑛法师、赵朴初和明旸法师三人。

日本方面原计划派出 60 名代表出席，可由于日本政府拒绝

▲ 亚洲及太平洋区域和平会议会场

发护照，最终未能如愿成行。但是，和平的潮流是阻止不住的，以南博、樱井英雄等为代表的 13 人，或从欧洲转道，或乘小渔船来到中国，出席了这次大会。

赵朴初想到了周总理的重托，为了向日本人民表达反对战争、爱好和平的愿望，他准备了一尊精致的佛像，交给日本参会代表南博先生，请其带给日本佛教友人，还写了一封信："日本与中国的交流有着长达两千余年的悠久历史。虽然因第二次世界大战而中断，但是中国期待及时恢复与日本的友谊，共同努力，重建和平友好的睦邻关系。"

会议结束后，南博和樱井英雄先生带着这尊佛像，再次取道欧洲回到日本。这尊小小的佛像如一缕春风吹来，在日本佛教界掀起了不小的波澜。有识之士接住了从中国主动伸来的橄榄枝，他们举行了庄严仪式奉迎这尊佛像，并给中国佛教界写了一封热情洋溢的感谢信，表达了和平友好的愿望，对当年的战争发出真诚的忏悔："佛像如此美好……回想日本佛教徒在过去的太平洋战争期间，没有勇敢地依照和平精神，挺身出来制止这场战争，以致贵国受到重大的损失，现在是真诚地忏悔着。"

为了弥补日本在战争中给中国带来的创伤，日本友人努力以实际行动来表达忏悔。

日本友人成立了一个旨在"唤起日本人民对日本帝国主义侵华战争反省、促进日中和平友好"的"中国在日殉难烈士慰灵实行委员会",日本友人克服各种艰难险阻,把埋在日本数十个矿山、港湾、军事工程地下的中国殉难烈士遗骨收集起来,让那些生前不能回国的烈士得以叶落归根。这个工作长达十年,他们搜集劳工遗骨共3000多具,分九批陆续送回了中国。

▲ 赵朴初书《和》(20世纪90年代)

赏析:

和平、和气、和美,是赵朴初一生追求的人类社会和心灵的美好境界。赵朴初的这个"和"字写得心平气和,端庄大气,洋溢着一种和平之美。

永远做兄弟

20世纪50年代,赵朴初就像一只和平鸽,不断飞行于尼泊尔、印度、斯里兰卡、孟加拉国等南亚国家以及泰国、缅甸、老挝、柬埔寨、印度尼西亚等东南亚国家,还远到埃及、瑞典、苏联等国,为促进中国同这些国家在平等和互相尊重的基础上建立和发展良好的合作关系做出了重大贡献。

赵朴初外表敦厚仁慈,内心真诚宽容,无论在国内还是国外,都令人感到一种特殊的亲和力。而他的这份追求和平友好的美好愿望和许多真诚的举动,也得到了外国友人的回报。因此,他与许多外国友人结下兄弟般的情谊,留下了许多动人佳话。

▲ 赵朴初与缅甸人民在一起

1955年,赵朴初、喜饶嘉措等应缅甸吴努总理的邀请,到缅甸访问,这也是赵朴初第一次走出国门。南国风光,家家浓绿,连花木也显得十分热情。赵朴初在仰光观赏了泼水节,盛装的男女兴高采烈地边跳舞,边泼水,热情的气氛让赵朴初也欣喜地加入其中。接着他们又坐上船，在美丽的伊洛瓦底江上航行了四天，两岸的热带风光令他陶醉。在仰光，访问团被安排住在总理的贵宾馆，饮食起居受到无微不至的照顾。主人还特意请来一位华侨厨师为他们做菜，赵朴初也领略了许多异域风味。

同年，赵朴初、冰心随以刘宁一为团长的中国代表团赴日本参加首届禁止原子弹、氢弹世界大会。这也是赵朴初首次访日，他与日本各界朋友进行了广泛深入的交流，介绍了新中国的现状，宣传了新中国的政策。在日本佛教界的欢迎会上，他认识了德高望重的椎尾弁匡、高阶陇仙等人。在东京停留期间，他又专程去拜访椎尾牟匡，表达内心真诚的友情，这也深深地打动了日本友人。后来，赵朴初每次访日，到东京，都要去看望椎尾弁匡，温情叙旧。1963年，赵朴初由东京机场回国，近九十高龄的椎尾弁匡老人特意驱车百余公里，来到机场为赵朴初送行，并举臂高呼："中日两国友好万岁！"

1956年3月，赵朴初第一次到印度，出席一个重要的会议。刚上飞机时，机长热情地跟赵朴初打招呼，对几位中国来的尊贵的客人格外照顾，问这问那，怕中国客人有什么不适应，还再三叮嘱空乘人员要细心一点。三个多小时的路程，赵朴初一行被照顾得十分周到。到了加尔各答，赵朴初对机组人员致以真诚的谢意。机长还热情邀请赵朴初一行到他家去做客，这份情谊让赵朴初分外感动。

工作之余，赵朴初不忘四处转转，这里家家浓荫、村村碧绿。印度人民是热爱和平的，他遇到的每一个印度人，都会对中国客人表现出特别的善良和真诚，这让身在他乡的赵朴初感觉十分温暖。赵朴初一有空就跟他们待在一块，喝茶聊天，虽然只有短短几天的时间，他们间却结下了深厚的友谊。

在印度访问的几天里，赵朴初还认识了一位叫作绍夫特的医生，他与赵朴初十分投缘，还真诚地将赵朴初一行请到家中，准备了极其丰盛的食物。

饭后,他又陪同赵朴初一行游览了加尔各答市区,并告诉赵朴初,自从周恩来总理与尼赫鲁总理联合倡议和平共处五项原则以来,印度人民对于中印和平的感情和期望大大地增强了。

在国内,赵朴初还接待了来自世界各地的国际友人,共同谋划保卫和平的大业,为新中国和平外交事业的发展做出了重大贡献。

飞过秦岭

碧空为海云为浪,点点青峰画境开。

不是险巇①过秦岭,却从缥缈看蓬莱。

注释:

①险巇(xiǎn xī):险恶,险峻。

赏析:

秦岭位于陕西省南部,渭河与汉江之间。赵朴初在飞机上俯瞰祖国大地,点点青峰,朵朵白云,仿佛一幅逐渐打开的画卷,美不胜收。他在万米高空之上,忘情地欣赏着祖国的大好河山。

反对核武器

第一次世界大战时，帝国主义列强为了得到自己想要的土地、金钱，开始结盟打仗，使很多国家卷入了战争。战胜国还想获取更多，战败国又心有不甘，时刻伺机报仇，于是，世界历史上破坏性最大的一次战争——第二次世界大战爆发了。

这场大战持续了14年，1945年5月8日，战争的罪魁祸首德国法西斯宣布无条件投降。7月26日，美国、英国和中国三国联合起来，敦促日本也无条件投降，但日本政府置之不理。8月6日，美军一架轰炸机飞临日本广岛市区上空，投下一颗代号为"小男孩"的原子弹。炸弹在距地面580米的空中爆炸，在巨大冲击波的作用下，广岛市的建筑几乎全部倒塌，全市30余万人口中，死伤总人数达20余万。8月9日，美军又出动轰炸机将代号为"胖子"的原子弹投到日本长崎市。长崎市近两万所建筑物被毁，伤亡十多万人。8月15日，日本宣布无条件投降，第二次世界大战至此结束。

核武器巨大的威力，也让众多爱好和平的人担心它们被错误地使用。十年后，世界和平人士发起了禁止原子弹、氢弹世界大会，得到国际的普遍支持。中国也派出了代表团出席这次大会，赵朴初、冰心等都是成员。

赵朴初亲眼见到了战争留下的伤疤，他用诗记录了这一惨状：

访长崎原子弹爆炸中心地

当时一弹半长崎，万屋成尘地满尸。

今日来观犹动魄，十年教训起深思。

在广岛医院见到的一幕，更是深深地刺痛了赵朴初的心：一个遍体伤痕的妇女，独有背上一块好皮，因为原子弹落下时，她刚好背着自己的孩子。孩子死了，但孩子的形状，则永远地留在了她的背上。赵朴初不禁心生怜悯：

访广岛

伤痕遍体一病妇，背上独有完好处。

当年负儿儿成尘，儿形永留在母身。

在日本的那段日子，赵朴初探望了许多受到战争创伤的普通百姓，也见到了一些老朋友。他与一些原子弹受害者热情拥抱，抚慰着他们的心灵。

一天下午，赵朴初偶遇了一位名叫三浦赖子的故人，欣喜万分。赖子曾在华担任小学日文教师，赵朴初曾作为中国红十字会代表，负责安排照料跟赖子一样的准备归国的在华日本人。当时，有100多名日本人借宿于上海和平饭店，等待日本来接的船只。赵朴初曾竭尽全力为他们排忧解难。临别时，赖子紧紧握着赵朴初的手，说："回到日本后，我要从事有益于制止战争悲剧重演、维护世界和平的工作。"后来，赖子信守诺言，到刚刚成立不久的"中国在日殉难烈士慰灵实行委员会"就职。

会面时，两人喜出望外。赵朴初高兴地对赖子说："你正从事着令人敬佩的工作，我感到无比欣慰。

▲ 1955年，赵朴初（举帽者）、冰心等跟随以刘宁一为团长的中国代表团前往日本参加禁止原子弹、氢弹世界大会

请你一定要把这项工作坚持下去。"两人依依惜别,之后,赖子一直在日中友好协会从事日中友好活动,后担任该会常务理事。

这次访日,赵朴初代表中国人民给日本人民带去了温暖,播撒了和平的种子。代表团一行还带去了中国人民救济总会等六个团体的捐款,日本人民深表谢意,给予中国代表团极大的热情。代表团每到一个地方,车站和机场总是拥挤着迎送的人群,甚至经过不是目的地的车站时,那里也是人头攒动。人们拿着旗子,唱着歌。还有人抢着把旗子递进车窗,伸出手来与代表们握手。此情此景,令赵朴初感慨万千:身在一个和平的国度,是多么幸福的一件事啊!消灭战争,维护世界和平,要我做什么,我都愿意。

之后,赵朴初又几次到日本参加禁止原子弹、氢弹世界大会,每一次他带去的是和平,传播的也是和平。

永远不战

二战结束，日本成为战败国，而军国主义阴魂不散，在战后又与美国勾结，再次给世界笼罩上战争的阴云。

1960年1月19日，日本首相岸信介和美国总统艾森豪威尔在华盛顿签订《日美共同合作和安全条约》，该条约加强了日美军事同盟关系。日本依靠美国核保护伞维护自身安全，承担提供军事基地、扩充军备、共同作战等义务。由于新条约敌视苏联、中国以及其他亚洲各国人民，使日本有被卷入美国军事行动的危险，所以激起爱好和平的日本人民的强烈反对。

与此同时，在廖承志、赵朴初等中日友好人士的共同努力下，和平的热潮在日本涌动。特别是日本佛教界一些人士，一直在真诚地对中日战争进行忏悔，表达和平友好的愿望。

1961年，春寒料峭。由日本著名佛教人士大西良庆与大谷莹润发起，举行《日中不战之誓》签名运动。这些日本友人冒着被右翼势力拳打脚踢的危险，走上街头，征集了1500多份签名。

这本《日中不战之誓》共有100页，每页正面是"誓言"，背面是签名。"誓言"大致意思是，中日之间有一千多年的交流史，不论是文化还是经济，都有着紧密的关系。但是，从甲午战争到九一八事变，日本军国主义不断加剧对中国的侵略，给中国人民带来了巨大的灾难。在中国本土上自不待言，在日本国内也对中国人进行了令人发指的迫害，破坏了历史上亲密的中日关系。作为日本和平人士，我们必须进行深刻反省，才能使日中两国人民友好交流的鲜花再度盛开。第二次世界大战后，邻邦中国浴火重生，成为真正的世界大国。我们作为和平人士，要正确认识中国。回顾过去一千多年的友好交流历史，我们宣誓：不敌视中国，实现世界和平，加速恢复日中邦交，与中国不再动干戈，永远不开战。

▲ 《日中不战之誓》签名簿

同年5月，大谷莹润和西川景文长老率团来到中国，亲手将这份《日中不战之誓》签名簿送给中国。廖承志、赵朴初等在机场热烈欢迎日本朋友，为他们送上鲜花和掌声。27日下午，中国红十字会、中华全国总工会等九家团体，在全国政协礼堂举行隆重的《日中不战之誓》签名簿赠送仪式。赵朴初在仪式上接受《日中不战之誓》签名簿，将其珍藏在中国佛教协会里。

1995年金秋，在赵朴初的邀请下，大谷莹润之子大谷武等人组团访问中国。赵朴初亲自去机场迎接，见到这些日本老朋友的后代们，他激动得热泪涌流。日本代表团此次访问的目的，就是重温日本先德们致力于日中友好的坚定信念和艰苦历程，继承先德的遗愿，促进中日佛教友好，维护亚洲和世界的持久和平。

在见面会上，大谷武表达了对赵朴初父亲般的尊敬和感恩。赵朴初说："我本人已经从事中日友好事业四十多年了。我们一定要把日中友好这个伟大的事业继续下去，并推向前进。"

日本晚辈们特地将早在宋朝时由中国传入日本的点心带给赵朴初，而赵朴初则请人将《日中不战之誓》签名簿制成照片,作为礼物送给日本晚辈们,希望大家共同来思考:为什么先德们一定要立下这个不战之誓?我们怎样才能确保历史悲剧不再重演,中日两国世世代代友好下去?

赵朴初生前特别嘱咐工作人员保存好这本《日中不战之誓》签名簿,因为其代表日本佛教界、日本人民的良知。

▲ 赵朴初书贺大西良庆长老白寿(1972年)

释文:

清赏仙家清水院,珍重深情忆团扇。九十九岁犹华年,烂熳春光三月半。精禽衔石海成桑,兄弟怡怡乐两邦。好为和平常住世,平风平浪太平洋。

十一年前,余访大西良庆长老于京都清水寺,长老以所绘团扇见赠,题句云:"凭君清赏似仙家。"余曾为文,载《人民中国》月刊,今闻长老年已九十有九,康强犹昔,喜赋此诗为寿。

一九七二年十一月

赵朴初

赏析：

　　大西良庆（1875—1983），日本友好人士。1961年，赵朴初访日，与大西良庆相识，遂成忘年之交。

　　赵朴初这幅作品写于20世纪70年代，笔画相对偏细，行书成分较多，有行云流水的自在和飘逸。

纪念鉴真

在日本奈良市，有座我国唐式建筑风格的寺院，名叫唐招提寺。寺里供奉着一位僧人的漆像，这位僧人就是中国著名的高僧鉴真大师。

鉴真（688—763），今江苏扬州人。他14岁出家，在佛教、雕塑、绘画、医药、书法等方面都有很高的造诣。

天宝元年（742年），鉴真55岁，日本学僧荣睿、普照来扬州大明寺，希望鉴真大师能到日本去传播中国文化。那时去日本的海路很不安全，常会遇到风暴和海盗，众人都劝鉴真大师不要去。但鉴真为了中日友好，坚持要去。自天宝二年（743年）起前后五次东渡，或由于官府阻挠，或由于浪击船沉，均未获成功。鉴真大师决定第五次东渡时，双目染疾失明，但东渡意志弥坚。天宝十二载（753年），时鉴真65岁，日本国"遣唐使团"再次来扬州请他东渡，终于取得成功。

鉴真大师将高度发达的盛唐文化，毫无保留地传至日本，大大推动了日本文化的发展，被日本人民誉为日本佛教律宗的开山之祖、医药始祖、文化恩人。

1957年，有日本的朋友向赵朴初提起，说到1963年就是鉴真大师逝世1200周年了，是不是要纪念一下呢？赵朴初想到，这是做好中日友好工作的一个好契机呀！从这年起，赵朴初就开始着手联络日本佛教界和文化界，发起纪念鉴真大师逝世1200周年活动。

1963年，赵朴初亲自担任鉴真和尚逝世一千二百周年纪念筹备委员会主任。5月，赵朴初率中国佛教访日友好代表团前往日本，参加了由日本佛

▲ 1963年,鉴真大师逝世一千二百年纪念大会在北京人民大会堂召开

教界和文化界举行的纪念鉴真大师逝世1200周年活动。日本友人在纪念大会上发表了《日本佛教和日本文化的恩人》的讲话,给予鉴真大师极高的评价。

赵朴初代表中方也发表了讲话:"当年,鉴真大师跨越无数艰难险阻,为日本佛教和文化的兴隆发展奉献了毕生的精力,同时也为中日两国友好交流做出了贡献。回想起鉴真大师当年所经历的艰险,现在横亘在中日关系之间的障碍也就变得无足轻重了。我坚信中日友好交流之门一定会重新开启。"

这年 10 月 4 日，首都召开了"鉴真大师逝世一千二百年纪念大会"，赵朴初在会上作了题为《古代中日文化和友谊的伟大传播者鉴真大师》的讲话。日本方面也专门派来了代表团，代表团受到全国人大常委会副委员长郭沫若的接见。

中日双方还在扬州法净寺举行纪念集会，并决定建设鉴真纪念堂，举行了开工仪式。纪念鉴真大师的活动从 1957 年一直持续到 1964 年，以至日本产生了一个特定的名词叫作"鉴真年间"。这期间，赵朴初曾多次率团赴日参加各种活动，日方也多次组团来到我国。

1980 年 4 月，赵朴初又策划了鉴真大师像回国"省亲"活动。赵朴初亲自到机场迎接，并护送鉴真像抵扬州。19 日上午，赵朴初和时任日本驻华大使出席了鉴真像在扬州展览开幕式。这天，邓小平在《人民日报》上发表了题为《一件具有深远意义的盛事》的文章，认为鉴真像回国探亲"必将鼓舞人们发扬鉴真及其日本弟子荣睿、普照的献身精神，为中日两国人民世代友好事业作不懈努力"。十多天后，邓颖超出席了鉴真像在北京展览的开幕式，并主持剪彩仪式。

鉴真像继而在北京供瞻仰，46 天之后平安回到唐招提寺。

送鉴真大师像返奈良

看尽杜鹃花，不因隔海怨天涯。东西都是家。

一九八〇年五月二十六日

赏析：

1980 年，鉴真大师像回国内巡回展览结束以后，赵朴初亲自到首都机场送别，并创造性地参照日本俳句即兴吟诗三首，赠森本长老。这首诗是其中的一首。日本有一种诗歌体裁叫俳句，又名发句。一般以三句十七音组成一首短诗，又称十七音。赵朴初参照日本俳句体写的诗称为汉俳。鉴真大师不畏艰险，东渡日本，传播文化，播撒友谊，是中日两国人民世代友好的见证，汹涌澎湃的大海，永远隔不断中日两国人民世代友好的情怀。

第四章 爱党爱国

党的革命堡垒

赵朴初与中国共产党的情缘是从同学梅达君开始的。梅达君，1908年生，安徽宣城人。他们一起上东吴大学附中，一起考入东吴大学，而且是终生的好朋友。梅达君思想进步，在学校读书期间，就与中国共产党有所接触，对党有较多的了解。他经常向赵朴初讲党的故事，还给赵朴初看陈独秀主编的《新青年》等。共产党救国救民的思想，令赵朴初非常赞同。

1927年，赵朴初因病不得不提前结束在东吴大学的学业，回到上海关家养病，跟着关絅之大舅，走上从事佛教工作的道路。同学梅达君大学毕业后，也来到了上海，并秘密加入了中国共产党，他与赵朴初常有来往。通过梅达君，赵朴初对党的情况又有了新的了解，知道了秋收起义、井冈山会师。他对红军进行长征表示极大的同情，坚决反对蒋介石"攘外必先安内"的反动政策，自觉地与党和人民站在一起，发自内心敬佩并不遗余力地支持党的革命事业。

1937年8月，淞沪会战打响，赵朴初负责上海难民工作，先后建起难民所50多个，救助难民50余万人。地下党员焦明、朱启銮、梅达君等奉党的指示，来到难民所工作，在难民所建立党组织，和赵朴初一起将一批批青

▲ 1948年的上海少年村

壮难民送到皖南、苏北新四军处。难民所还收留了许多受到汪伪迫害的共产党员。

1942年，难民工作结束，赵朴初负责上海净业流浪儿童教养院（后改名为"少年村"）的工作。如果说难民所是党在赵朴初帮助下建造的革命堡垒，后来的流浪儿童教养院则是赵朴初冒着极大的个人危险主动为党建造的革命堡垒。

教养院的规模不大，属于慈善机构，因此不为敌人注意。党组织通过赵朴初的关系，将遇到风险的地下党员、革命同志如段力佩、计淑人、诸敏等人送到教养院来，名义上是来工作，其实是来这里"避风头"。

1948年初春，天气依然很冷。一天夜里，突然有几辆汽车开进了少年村。一群国民党特务身穿黑呢子中山服，手里拿着枪，命令学生都躺在床上不许动，折腾了一晚上才离去。第二天才知道，特务抓走了一位程老师。接下来,又有两位老师到市里去也被捕了,据说都是地下党员。警察局还警告赵朴初,因为这些人都是他介绍进来的,然而赵朴初毫无畏惧,继续做他要做的事情。

1947年,赵朴初在杭州建立凤林医院。他从上海运来一批病床和器具,聘请医生、护士和勤杂工,经过一个多月的筹备,医院正式开业。医院以门诊为主,收费低廉,附近岳庙、灵隐的居民、茶农,常来医院看病、讨药。医院有病床十余张,收治一些慢性病疗养病人。当时,国民党反动派在上海搞白色恐怖,常以"查户口"等方式迫害革命志士。当形势紧张时,一些同志就到杭州凤林医院"避风头",像刘晓、方行等上海地下党领导就曾在这里"住院"。

在当时白色恐怖笼罩的恶劣环境下,赵朴初建造了一座座革命堡垒,大胆地接纳和保护了一大批中共地下党员,与汪伪和国民党反动派斗智斗勇,是有多么大的胆略和气魄啊!

热爱毛主席

20世纪40年代末,中国人民解放军势如破竹,取得解放战争的节节胜利。党的第一代中央领导集体为了团结更广泛的爱国力量,共同为新中国建设服务,向各民主党派发出邀请,召开中国人民政治协商会议,共同筹划新中国建设大业。

刚刚40岁出头的赵朴初作为宗教界代表之一,出席了中国人民政治协商会议,为建设新中国,付出了心血和智慧,做出了贡献。

1950年10月1日,是中华人民共和国成立后的第一个国庆节。10月3日,一场隆重的庆祝晚会在北京中南海怀仁堂举行,各少数民族代表以及一些少数民族文工团成员参加了晚会。他们兴高采烈地向毛泽东主席和其他领导人献旗献礼,表达喜悦和崇敬之情。献礼完毕,各文工团纷纷登台演出。

会后,毛主席请著名爱国人士柳亚子填词记此盛会。柳亚子即席填写了一首《浣溪沙》,毛主席和唱一首:

浣溪沙·和柳亚子先生

长夜难明赤县天,百年魔怪舞翩跹。人民五亿不团圆。　一唱雄鸡天下白,万方乐奏有于阗。诗人兴会更无前。

这年底,中国人民志愿军投入抗美援朝战争,赵朴初再读毛主席诗作,其高远的意境、恢宏的气魄敬佩不已,也情不自禁和词一首:

浣溪沙·和毛主席民族歌舞晚会词

铜鼓芦笙响彻天,轻裾长袖舞翩跹。歌声齐唱大团圆。　　民德如今敦友爱,军威海外又喧阗。五星旗指万夫前。

20世纪五六十年代,赵朴初还数次陪同毛主席接见外宾,感受伟大领袖的风采。等待外宾的时候,毛主席还与赵朴初交流一些学术问题。赵朴初丰富的学识,得到了毛主席的赞赏。

毛主席是一位伟大的诗人,其诗词作品雄浑、豪放、壮丽、优美,达到了革命的政治内容和完美的艺术形式的高度统一。1960年,有关部门成立了毛主席诗词英译定稿小组。1963年12月,人民文学出版社和文物出版社,同时出版了《毛泽东诗词》的单行本。为了全面修订旧译,翻译毛主席新词,小组又增加了赵朴初为成员,并请英文专家苏尔·艾德勒协助译文的润色工作。赵朴初还写了很多讲解毛主席诗词的文章,文章既是对毛主席诗词艺术的赏析,也充满了他对毛主席的歌颂与热爱。

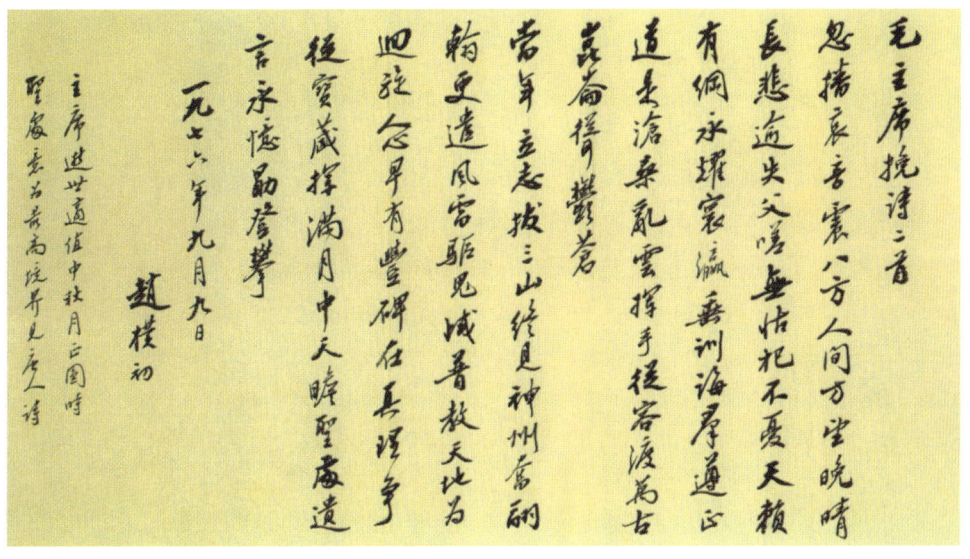

▲ 赵朴初于1976年作《毛主席挽诗》

1976年9月，毛主席与世长辞。举国上下沉浸在悲痛之中。赵朴初含泪写下《毛主席挽诗》(二首)：

忽播哀音震八方，人间方望晚晴长。
悲逾失父嗟无怙，杞不忧天赖有纲。
永耀寰瀛垂训诲，群遵正道是沧桑。
乱云挥手从容渡，万古昆仑耸郁苍。

当年立志拔三山，终见神州奋翩翻。
更遣风雷驱鬼蜮，普教天地为回旋。
人心早有丰碑在，真理争从宝藏探。
满月中天瞻圣处，遗言永忆勖登攀。

之后，赵朴初还写下多首怀念毛主席的诗，热情讴歌了毛主席领导中国人民推翻三座大山、建立新中国的丰功佳绩，表示将继承毛主席遗志，为建设一个富强美好的中国而努力奋斗。

浣溪沙·和毛主席民族歌舞晚会词

铜鼓芦笙响彻天，轻裾长袖舞翩跹。歌声齐唱大团圆。　　民德如今敦友爱，军威海外又喧阗。五星旗指万夫前。

赏析：

1950年10月，中国人民热烈庆祝中华人民共和国成立一周年。这年底，伟大的抗美援朝运动也拉开了序幕。赵朴初对中国人民在毛主席的英明领导下，不仅站了起来，还能走出国门，保家卫国的英雄壮举表示由衷的赞叹，喜悦之情溢于言表。他写下了"军威海外又喧阗"的诗句，歌颂祖国人民，歌颂中国人民志愿军。

最敬是总理

1976 年 1 月，周恩来总理逝世，赵朴初恸哭不止。写罢《周总理挽诗》之余，他动情地说道："周总理值得怀念的事太多了，父母之丧三年，可是周总理离去带来的悲痛和怀念却是终生的！"

1946 年 6 月，中国共产党上海工委在上海马思南路设立周公馆。周恩来从南京来到上海，住在周公馆，与国民党进行谈判。也就是这时候，赵朴初作为进步人士，来到周公馆，见到了他仰慕已久的周恩来，对其非凡的举止、才智和精神由衷敬佩。

1946 年 7 月，著名爱国民主人士李公朴、闻一多被特务暗杀，赵朴初以佛教会名义在静安寺举行公祭活动，周恩来、邓颖超等千余人参加。在会上，周恩来对这位温文尔雅、被人称作"赵朴老"的赵朴初留下了深刻的印象。

中华人民共和国成立后，为发展新中国外交事业，维护亚洲和世界和平，周总理邀请赵朴初到西花厅，与他商谈，希望他利用中国与周边国家的佛教渊源，发展与这些国家的友好关系，以民间友好促成正式邦交。也正是在总理的鼓励下，20 世纪 50 年代，赵朴初足迹遍及东亚、南亚和东南亚国家，做了许多有益于国家的大事。

赵朴初经常陪同周总理接见外宾，参与国事，耳濡目染，对周总理可谓"学之弥笃，仰之弥高"。赵朴初敬重周总理，他一直把周总理视为做人和工作的楷模，并从总理身上学到了很多：用自己的人格魅力和亲和力行不言之教，以智慧的领导艺术化解矛盾，团结各方面力量。

周总理比赵朴初年长九岁，但他平时总是称赵朴初为"赵朴老"。原来，早在 20 世纪 40 年代初，赵朴初还是一个 30 多岁的青年人，因为经常与上海的一些老前辈在一起工作，如黄涵老（黄涵之）、关絅老（关絅之）等，于是，赵朴初便被戏称为"赵朴老"。有一次，周总理突然问他："赵朴老，您今年六十几啦？"其时，赵朴初才50多岁，赵朴初知道总理与他开玩笑，笑而不答，周总理也忍不住笑了起来。谈笑之间周总理慈祥谦和、毫无架子的伟人风范，令赵朴初倍感亲切。

赵朴初文学功底深厚，诗词作品颇负盛名。一次，周总理在大庭广众之下，指着赵朴初对中国作协的负责人说："你们作家协会应当吸收赵朴老为会员。"赵朴初起初没有在意，以为是周总理的一句闲话。不久后，在一次有作协领导参加的宴会上，周总理又见到了赵朴初，他问："你现在参加作协没有？"赵朴初如实回答说："还没有。"周总理当即对作协领导说："你们拿表来，我做介绍人。"这让夏衍羡慕极了，他笑着对赵朴初说："你真光荣，是总理亲自介绍加入作协的。"

"文革"期间，周总理遭受了来自四面八方的明枪暗箭，身体很不好。这让赵朴初担心、挂念。1975年1月，赵朴初参加第四届全国人民代表大会第一次会议，周总理和代表们一一握手，握住赵朴初的手时，周总理又叫了一声"赵朴老"。看着周总理被病魔折磨得瘦癯的脸，赵朴初泪水盈眶。这是周总理和赵朴初说的最后一句话，赵朴初听出了这话里对他寄予的厚望。

1976年清明节，人民群众悼念周总理的活

▲ 赵朴初于1976年作《周总理挽诗》

动被"四人帮"诬为"反革命事件"。在全国政协的一次学习会上,赵朴初以非常少见的严肃口吻说:"我可以同样坦率地讲,在总理去世之后,不仅我自己撰写悼念总理的诗词,而且还看过和修改过不少别人写的悼念总理的诗词。那也是因人同此心、心同此理,大家都热爱总理,心心相通之故。"在当时的情况下,这样直露地表达对周总理的热爱之情,是需要勇气、正气和骨气的。

打开《赵朴初韵文集》,在赵朴初的诗作中,敬献周恩来总理的作品比比皆是,足见赵朴初对周总理的敬重与思念。

周总理挽诗

大星落中天,四海波汹洞。

终断一线望,永成千载痛。

艰难尽瘁身,忧勤减龄梦。

相业史谁俦?丹心日许共。

无私功自高,不矜威益重。

云鹏自风抟,蓬雀徒目送。

我惭驽骀姿,期作铅刀用。

长思教诲恩,恒居惟自讼。

非敢哭其私,直为天下恸。

赏析:

赵朴初和周恩来总理的交往,从 1946 年算起,直到总理逝世,长达 30 年。在这 30 年的密切交往中,总理对赵朴初的谆谆教诲,使赵朴初永远难以忘怀;在这 30 年的交往中,赵朴初目睹和感受到了总理伟大、崇高、无私、无畏、机智、勇敢、周详、细致的优秀品质,两人结下了深厚的友谊。

对周总理的逝世，赵朴初非常悲痛，饱含深情地写下了这首哀诗。他在诗中把周总理比作中天的大星和扶摇云天的大鹏，对周总理兢兢业业、勤勤恳恳、无私无畏、任劳任怨，为祖国和人民鞠躬尽瘁、死而后已的精神进行了高度凝练的概括和歌颂。为自己在总理生前不能分忧，死后只能长歌当哭而感到自责和惭愧，表达了对周总理的无尽哀思。

诗交陈毅

1949年5月，上海解放了。陈毅将军担任上海市人民政府市长，赵朴初担任华东民政部、人事部副部长，成了陈毅的部下。

陈毅不但是位指挥千军万马的将军，同时也是一位才华横溢的诗人。而赵朴初同样是一位诗人，两人在工作之余，经常写诗唱和，切磋诗艺，因此结下了深厚的同志深情、诗人厚谊。

1951年2月，赵朴初出席由陈毅主持的一个座谈会。会上，陈毅在讲话中引用唐人诗句，谈笑风生，妙语连珠。赵朴初为之倾倒，赋诗一首：

将军妙喻绝人间，九派江流任往还。
今日猿声真个住，轻舟回首万重山。

这是赵朴初首次写诗赞颂陈毅。1952年夏，陈毅让梅达君转给赵朴初白折扇一柄，请赵朴初将古人咏围棋诗抄录于扇面。陈毅好围棋，常与人对弈，而赵朴初屡屡作为观众在一旁凑趣。赵朴初欣然从命，为陈毅书扇，并以围棋为题作《清平乐·围棋，赠陈将军》词一首奉赠。

1963年，日本棋院赠授陈毅名誉七段位，赵朴初出席了赠授仪式，赵朴初又以《清平乐》调即席填词，以记其事：

乾坤黑白，尽扫寻常格。奇正相生神莫测，一着风云变色。
今朝隔海同欢。别张一帜登坛。两国千秋佳话，元戎七段荣衔。

1961年3月，赵朴初随中国代表团出席在新德里举行的世界和平理事会，开会前夕参加了泰戈尔诞辰一百周年纪念大会，会上他当场驳斥印度科学与文化部长对中国的诽谤，赢得全场支持。第二天早晨，各国代表纷纷向中国代表团团长廖承志致贺。归国途中路过仰光，赵朴初遇见陈毅副总理，陈毅在驻缅使馆全体人员面前对赵朴初给予高度表扬，新华社为此发了专稿。

1964年，赵朴初写了一首诗，在《人民日报》上发表。陈毅读后很高兴，中午就把赵朴初请到家中，他特别吩咐厨师要多炒几个好菜，结果一桌菜上齐了，赵朴初却很少动筷子，光吃白饭不吃菜。陈毅怔了半天才恍然大悟："噢，你是吃素的。"他连忙让厨师炒了两个素菜。

1965年，一个春寒料峭的日子，陈毅再次邀请赵朴初到家晤谈，共进晚餐，共话诗歌。两个人谈话的主题是文艺改革的方向问题。陈毅谈及毛主席观点，毛主席认为文艺改革诗最难，大概需要50年时间。就如何把握继承与创新，推陈出新，达到百花满园的局面，两人进行了细致而深入的探讨。

1972年1月6日，陈毅因病去世。得知这一消息，赵朴初悲痛万分，写下了《陈毅同志挽诗》。在陈毅遗体告别会上，他将这首诗交给了陈毅夫人张茜。待家人传阅后，张茜默默地将诗笺放在陈毅遗体胸前的口袋里，以祭奠忠魂。

陈毅逝世后，张茜准备将陈毅诗歌整理出版，她首先想到了赵朴初。赵朴初毫不推脱，接受了为陈毅整理诗歌的任务。1973年11月，经过赵朴初等诸位同志的共同努力，张茜如愿以偿地完成了陈毅诗词的编选工作，为日后陈毅诗词的正式出版问世奠定了坚实的基础。在该书的序文中，张茜深情地写道："我在整理、编辑诗稿的过程中，得到赵朴初同志认真诚恳的指导和帮助，我谨向他表示最深切的谢意。"

不久，张茜也不幸患了肺癌，临终前，她对儿子们说："把你们父亲的这本《诗选》和他用过的一方砚送给赵朴老作个纪念吧。"遵照母亲的遗嘱，陈昊苏和陈丹淮兄弟来到赵朴初家，将书和砚台送给赵朴初。这些，在中国当代诗坛，留下了一段感人的佳话。

第四章　爱党爱国

▲ 1972年，赵朴初、陈邦织夫妇与张茜（右一）、陈昊苏（左一）合影

清平乐·围棋，赠陈将军

纹枰坐对，谁究棋中味？胜固欣然输可喜，落子古松流水。　将军偶试豪情。当年百战风云。多少天人学业，从容席上谈兵。

赏析：

这是赵朴初应陈毅元帅所请抄录扇面而有感所填的一首词。这首小令，短短几十个字，把陈毅元帅儒雅风流、豁达大度、可亲可敬、平凡而又伟大的形象刻画得细致入微，跃然纸上。

题《万松图》

赵朴初与邓小平的相识，也是在上海解放时。1949年，为顺利接管上海和应对上海的经济困难局面，中共中央决定邓小平任中共中央华东局第一书记，负责领导接管上海的各项准备工作。赵朴初与上海地下党及进步人士，组成上海临时联合救济委员会，宣传中国共产党的政策，收容难民，防止敌人破坏，有力保障了上海解放初期的社会稳定，得到了邓小平的高度评价。

中华人民共和国成立后，在社会主义建设事业中，赵朴初对邓小平治理国家的雄才和实事求是的精神一直极为敬仰。但是，由于林彪、"四人帮"反革命集团破坏等原因，邓小平几次被剥夺职务，下放到农村劳动改造。

1976年10月，"四人帮"被粉碎，党中央拨乱反正，邓小平复出工作，这是邓小平第三次被"打倒"后的第三次复出。1977年7月，中共十届三中全会召开，恢复邓小平原任的党政军领导职务。这个消息传来，赵朴初由衷地感到高兴，他看到了国家发展的希望。

1977年8月，书画家赖少奇有感于邓小平的三次复出，画了一幅《万松图》。在满眼遒劲峥嵘、不卑不亢的古松中，一棵古松屹立挺拔，苍劲雄奇。画好后，赖少奇通过彭炎、阮波夫妇代请赵朴初题诗。看到赖少奇的画，赵朴初心有触动，吟长诗《题万松图》：

着意画万松，夭矫如群龙。千山动鳞甲，万壑酣笙钟。中有一松世莫比，似柳三眠复三起。眠压冬云八表昏，起舞春风亿民喜。喧天爆竹是心声，共助松涛争一鸣。枝扫氛霾光焰焰，骨凌霜雪铁铮铮。为梁为栋才难得，老不图安身许国。日月光华泰岱高，愿松长葆参天色。

诗歌把邓小平比喻成一棵老松,希望他永葆参天之色,带领中国人民走出风雨,过上幸福美好的生活。

后来赵朴初又将此诗写成了一幅字,送给一位将军,将军又转呈邓小平。邓小平十分喜爱,特意将它压在自己办公桌的大玻璃板下。

1978年12月,中共十一届三中全会的召开,标志着中国改革开放和集中力量进行社会主义现代化建设进入新征程。在为这次全会做准备的中央工作会议上,邓小平作了题为《解放思想,实事求是,团结一致向前看》的重要讲话,这篇讲话是解放思想、开辟新时期新道路的宣言书,实际上成为随后召开的十一届三中全会的主题报告。此后,作为改革开放的总设计师,邓小平带领中国人民走改革开放之路,国家不断强大,人民生活逐渐好转。1994年,赵朴初面对改革开放的大好局面,再次书写了《题万松图》,赞叹了邓小平同志的功绩。

1979年,邓小平访问日本,日本友人为发展中日友好事业,提出希望让鉴真大师像回家"探亲",得到邓小平的同意。赵朴初负责准备鉴真大师像回国"探亲"之事。1980年4月,鉴真大师像回到了祖国,接受祖国人民的瞻仰。《人民日报》发表全国政协主席、国务院副总理邓小平为《鉴真大师像回国巡展纪念集》撰写的文章,题目为《一件具有深远意义的盛事》,还刊登了全国人大常委会副委员长邓颖超为《鉴真大师像回国巡展纪念集》亲笔书写的题词:"为中日人民世代友好下去和文化交流事业作不懈的努力!"这也是在邓小平的支持下,赵朴初主持开展的中日文化交流的一件盛事!

1997年2月,邓小平同志逝世,赵朴初热泪纵横,怀着无限的悲痛和敬仰,他提笔写下了《邓小平同志挽诗》:

泪作江河四海倾，神州忍见大星沉。

雄才远识无俦亚，盛德丰功孰比伦？

永忆十年遭丧乱，端凭巨手转乾坤。

哀思共勉遵遗教，待展宏图耀古今。

书法欣赏

▲ 《题万松图》（20 世纪 90 年代）

赏析：

20 世纪 90 年代，赵朴初病住北京医院，看到祖国改革开放的大好局面，再次书写作于 1977 年的这首《题万松图》。整幅作品布局合理、秀美多姿，饱含对邓小平同志的敬仰。

流泪的日子

1999年春天,赵朴初住在北京医院。虽然身处病榻,但他坚持每天看电视和报纸,时刻了解祖国社会主义建设取得的伟大成就,并将关注的眼光投入到世界各地。

这年3月开始,以美国为首的北约对南联盟进行轮番空袭,这是自北约成立以来首次未经联合国授权而对一个主权国家进行武力干涉。这种行径,立即引起我国和其他许多爱好和平的国家的关注和谴责。每有客人来访,赵朴初总要问起:"关于北约空袭南联盟的事,你们都注意到了吗?"当听到客人说"注意了",赵朴初便很认真地说:"很好,应该注意,看来,以美国为首的北约空袭南联盟的问题是日益严重,逐步升级,每天都有许多无辜的平民百姓伤亡,令人气愤,让人担忧,在当今的世界上再没有比这更霸道的了。"赵朴初一边说,一边拿起杯子准备喝水,但他并没有喝,又把杯子放下了,然后深深地叹了口气,眼神里满是愤怒和忧虑。

空袭一天天在升级,5月7日,这是一个令无数中华儿女永远难以忘记的日子。这天午夜,美国悍然对我国驻南斯拉夫大使馆进行导弹袭击,造成我使馆人员伤亡和使馆建筑严重破坏,新华社记者邵云环,《光明日报》记者许杏虎、朱颖不幸以身殉职。美国人的野蛮行为,深深刺痛了赵朴初慈悲的心,他气得吃不下饭,睡不着觉。他气愤地对身边工作人员说:"以美国为首的北约打着人权的旗号,对主权国家南斯拉夫进行狂轰滥炸,使大量南斯拉夫平民百姓惨遭伤亡,现在竟丧心病狂地轰炸我驻南使馆,造成我使馆三人死亡,多人受伤,建筑破坏,太没有人性了,太霸道了,太让人气愤了!"

是啊,5月9日,这天恰是西方的母亲节,本应是一个充满温馨的日

▲ 1996年，赵朴初在病房里接待日本朋友

子。可谁会想到，在这个西方人表达对母亲的爱的日子前夕，在地球的另一端，我们有三位母亲失去了孩子，一位孩子失去了母亲。赵朴初以慈父般的深情，带着极其悲痛的心情对身边工作人员说："今年的母亲节是让人悲痛流泪的母亲节，历史将记住这个含泪的日子，人们将永远记住这个流血、流泪的日子！"

赵朴初出院了，但一想起这事，他的心情还是不能平静。

这天，赵朴初参加单位的干部职工学习会。在会上，他又说起了这件事，语重心长地告诫大家："在中国传统文化里，有'霸道'和'王道'之说，以力服人者为霸，以德服人者为王。以德服人就是用仁爱之心来处理自己和别人的关系，霸道就是以武力来强迫别人服从自己。以美国为首的北约，就是典型的无法无天的霸权主义行径。我们大家要化义愤为动力，增强我们的责任感、紧迫感，要奋发学习，勇挑重担，为中华民族的繁荣昌盛而努力，为提高我国的综合国力而奋进。要把爱国之情、愤怒之火倾注到学习上，学好本领，把我们的祖国建设得更加强大，再不受外敌的侵略。要永远记住这个流泪的母亲节。"

赵朴初一生爱国爱民，且爱憎分明。他一向慈悲、善良，但对有损我们国家和人民的邪恶势力，则疾恶如仇，站到反抗的前列，这就是赵朴初的人格魅力。

浣溪沙·病室偶占

斗室回旋地有余，一壶苦茗半床书。窗前万绿炫明珠。　　周匝群楼连碧落，昔时高塔①变侏儒，信知来者胜今吾。

注释：

①昔时高塔：指医院附近天主教堂的双塔。

赏析：

1997年，赵朴初已是90岁高龄的耄耋老人，因操劳过度，住进了医院，这首《浣溪沙》是他在住院期间的真实写照。赵朴初一生最大爱好就是看书写字喝茶，这首小令既反映了他孜孜不倦地学习的情状，又反映了他的乐观主义精神。在住院期间，看到祖国欣欣向荣、蓬勃向上的兴旺景象，他打心眼里高兴，对"周匝群楼连碧落"的喜人景象和国家后继有人、一代更比一代强的发展势头感到十分欣慰。

迎接香港回归

近代香港的历史，也是中华民族的一段屈辱史。1841年，第一次鸦片战争期间，英国强占香港岛。1842年，清政府与英国签订不平等的《南京条约》，割让香港岛给英国。1898年，英国再次强迫清政府签订《中英展拓香港界址专条》，强租了沙头角海至深圳湾最短距离直线以南、界限街以北广大地区，以及附近235个大小岛屿和大鹏湾、深圳湾水域，租期99年（1997年6月30日期满）。

1955年，赵朴初随中国代表团要去日本参加禁止原子弹、氢弹世界大会。由于当时中日尚未建交，他只能到香港乘英国飞机前往。这是赵朴初第一次到香港，看到大好河山仍未回归祖国，赵朴初的心情十分沉重。

20世纪70年代后，按照中央要求，赵朴初领导的中国佛教协会把与香港、台湾、澳门和海外地区的交流联谊工作摆上了重要位置。很快，中佛协便与香港佛教界取得联系，帮助香港宝莲寺建设了著名的天坛大佛，而香港佛教界也积极支持内地发展，援助建起大量希望小学。这期间，赵朴初多次赴香港，与香港各界建立了广泛的联系。

1982年，中、英两国政府就香港回归问题举行了长达两年多的谈判，终于在1984年签署了《中英关于香港问题的联合声明》，确定从1997年7月1日起，中国对香港恢复行使主权。

随着香港回归日子的逐渐临近，赵朴初的心情十分激动，他非常敬佩民族英雄林则徐，认为虎门销烟长了中国人的志气，展示了中国人的不屈精神。林则徐也是一位虔诚的佛教徒，他每日拜佛、诵经，抄录"行舆日课"。赵朴初经常要求佛教界人士把林则徐当作佛教前辈来学习，继承他的志愿、气魄、胸襟。1997年5月下旬开始，赵朴初每天抄录一首林则徐诗词，并在落款处写上香港回归前第几天，以此来迎接香港的回归。

6月底，赵朴初怀着十分自豪的心情，参加了全国政协、中央统战部举办的迎接香港回归座谈会。在座谈会上，赵朴初说，现在有人说香港回归是我们洗雪国耻，他不大同意这个说法。可耻的是英国人，他们将鸦片贩到中国，榨取财富，祸我国家。不仅如此，还发动鸦片战争来杀人放火。贩毒在今天是要枪毙的，是要受重刑的。他们跑来杀人放火，这可耻不可耻？可耻的是英国人，不是我们。应该这么说，香港回归，意味着民族的正义得以伸张。只有今天，我们国家强盛了，我们才能够把香港收回来。邓小平同志跟撒切尔夫人的谈话讲得多好啊！"一国两制""高度自治""港人治港"，都是邓小平同志说的话。我们称这是"伟大的构想"，保证了香港的顺利回归，也保证了香港的繁荣稳定，真是了不起。

1999年5月22日，是香港的一个公众假日。香港准备举办一个重大的活动，非常希望赵朴初能够参加。赵朴初当时的身体情况，是绝对不宜长途飞行和劳累的，但是，为了国家的统一事业，为了香港的繁荣稳定，赵朴初顾不上自己身体，毅然决定去香港参加活动。事后回京，因过度劳累，赵朴初再次住进了医院，直到2000年5月21日离开人世。

从赵朴初每天书写林则徐诗词，从他迎接香港回归而说的一句句感人的话语，从他不顾身体而亲赴香港的举动中，我们可以感受到赵朴初的爱国爱港情怀是多么醇厚浓烈！

书法欣赏

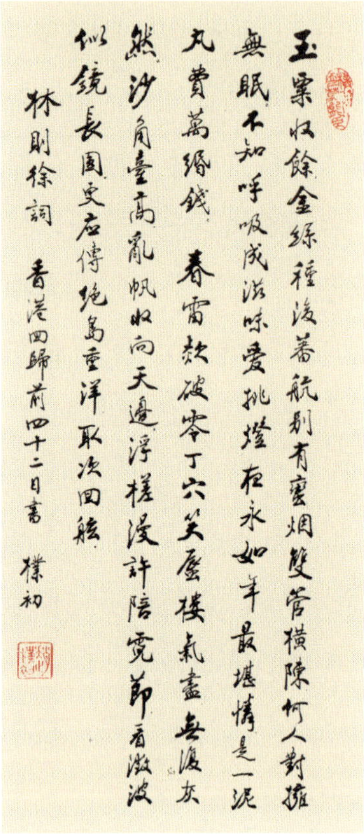

▲ 抄录林则徐《高阳台》（1997年）

释文：

玉粟收余，金丝种后，蕃航别有蛮烟。双管横陈，何人对拥无眠。不知呼吸成滋味，爱挑灯、夜永如年。最堪怜，是一泥丸，费万缗钱。　春雷欻破零丁穴，笑蜃楼气尽，无复灰然。沙角台高，乱帆收向天边。浮槎漫许陪霓节，看澄波、似镜长圆。更应传，绝岛重洋，取次回舷。

林则徐词　香港回归前四十二日书　朴初

赏析：

1997年，赵朴初病住北京医院，他每天抄录一首林则徐诗词，表达对香港回归的喜悦和祝福。虽是病中，体力不足，但不掩其书法的美丽端庄，更有一种欢喜、自豪之情在字里行间流淌。

第五章 清廉正直

"真是国宝"

新中国成立之初的几年,自然灾害频发。从1949年开始,华东地区连续三年发洪水,其中1950年最为严重,大片的土地被冲泡,许多居民流离失所。再加上新中国刚刚成立,百废待兴,资源匮缺,帝国主义国家也对新中国充满敌意。内忧外患使得救灾变得难上加难。一直从事慈善工作的赵朴初积极发动全国人民捐钱捐衣捐物,帮助灾区人民渡过难关。他在报上发表文章,热心劝募,还把唐诗《金缕衣》改为:

> 劝君莫惜旧棉衣,劝君记取岁寒时。
> 有衣堪献直须献,千万灾民看转机。

1951年,为了调查分配物资的情况,赵朴初同水利部副部长刘宠光一起,前往山东和安徽开展调查工作。

山东灾情稍轻,但安徽灾情严重,眼前的惨象让赵朴初不忍目睹,心痛不已。

安徽的领导热情地接待了他们,把他们安排到一个小茶馆休息。茶馆位

▲ 20世纪50年代初期的赵朴初

于合肥老城隍庙边,歪歪斜斜,破旧不堪。他们喝着廉价茶叶泡的茶,就着一碟花生米,聊着工作。赵朴初无法心安,急切地询问安徽灾情。经过了解,他得知皖北灾情最为严重,大量房屋被水冲毁了,人们无处可去,淹死、饿死、病死者更是不少。赵朴初心疼灾区百姓,下定决心要帮助安徽人民渡过难关。

调查结束后,赵朴初匆匆回到上海,夜以继日地和同伴一起商讨并起草了关于分配救灾物资的比例建议,上交给华东军政生产救灾委员会:其中,皖北地区占21.5%,皖南地区占3.5%。因为这批物资,安徽的灾后重建获得了有力的支援。

1951年底,赵朴初经手巨额救济物资和慈善基金之时,刚好国家在全国开展针对公务人员的反贪腐运动。报纸上刊登出贪污"大老虎"的消息,有人畏罪自杀,还有人在慌乱中颠倒事实,诬陷别人,开脱自己。

不想,谣言竟传到了赵朴初身上,说他是"大老虎",下面是个"老虎窝"。一日,赵朴初像往常一样伏案工作,突然收到要被隔离的消息,他和下属都要接受严格的审查。赵朴初很快冷静下来,他走到下属面前,神色镇定地说:"身正不怕影子斜,我们一不乱说自己,二不乱说别人,三不自杀,以平常心面对,这就行了。"听完赵朴初的话,下属顿时对赵朴初钦佩有加。

调查结论出来了,果然,由赵朴初经手的巨额钱物来龙去脉非常清楚,没有一笔糊涂账。钱,分分算得清;物,件件有去向。周恩来总理知道后,称赞他说:"赵朴初真是国家的宝贝。"于是,就有了赵朴初是"国宝"的说法。

江泽民担任总书记期间，曾专门邀请赵朴初到中南海做客。赵朴初一进门，江泽民就亲切地称他为"国宝"。赵朴初始终记得国家对他的尊重，20世纪90年代，日本挑起钓鱼岛争端，赵朴初并没有过多言语，他特意将先祖赵文楷当年出使琉球路过钓鱼岛时所写的诗，抄赠江泽民，证明钓鱼岛自古以来就是中国的领土。江泽民后来见到赵朴初还说起："你给我的信，我都作为文物保存着。"

在赵朴初弥留之际，江泽民亲自去病房探望。他对陪同人员说："我很佩服赵朴老，他每次说话都那样精确，处处都考虑到国家和人民的利益。"

飞抵东京

我来沧海不扬波①，万里云开喜气多。

去杀胜残②凭众力，大家携手唱平和③。

注释：

①海不扬波：大海不生波浪，形容社会安定，天下太平。

②去杀胜残：出自《论语·子路》，意思是感化残暴的人使其不再作恶，便可废除死刑。指以德化民。

③日本人谓"和平"为"平和"。

赏析：

1958年8月，赵朴初作为中国人民爱好和平的友好使者访问日本，写下了这首七言绝句，他衷心希望中日两国人民携起手来，保卫和平，反对战争。"海不扬波"就是中国人民爱好和平的美好象征。赵朴初为中日两国人民的友谊做出了十分突出的贡献，得到了毛主席、周总理等国家领导人的赞赏。

借钱进京

上海企业家吴企尧是赵朴初的好朋友。1954年的春天,吴企尧住在上海的一个弄堂里。一天深夜,吴企尧正准备睡觉,突然听到几声清脆的敲门声。

吴企尧打开门一看,赵朴初夹着一个小包裹,恭敬地站在门外。吴企尧连忙把他迎进门,泡上一杯好茶招待他,两人寒暄一阵,赵朴初有点不好意思地说起自己的来意。

原来,组织决定把赵朴初调到北京工作。可是,赵朴初有点犯愁了,别看他身为华东民政部、人事部副部长,可是最近工资用于捐款、家庭开支、购买书籍等,都花光了。不说到北京置家业,就连到北京的盘缠也没有了。思虑再三,赵朴初带了一套自己心爱的线装书,来找吴企尧借钱。

听到赵朴初要调往北京工作,吴企尧高兴得连声道贺,但听到借钱的事,以为他是开玩笑,笑着说:"你当那么大的干部,还需要找我借钱吗?"赵朴初很认真地说:"是的,我现在实在是囊中羞涩,你暂时借我一点钱,等我有钱了马上还给你。"这时,吴企尧才明白赵朴初是真的没有钱,立刻拿出一笔钱递给赵朴初。接过钱后,赵朴初奉上自己带来的线装书,送给吴企尧,向他表示自己的感激。吴企尧说啥也不肯收下,说:"这是你心爱之物,还是你自己留着吧。"

靠着从吴企尧那里借来的钱,赵朴初举家迁往北京,在西四大拐棒胡同安下了一个非常简单的家。

说起赵朴初和吴企尧的相交,那还得从新中国成立前的一件事说起。吴企尧曾办过一家小工厂。1942年冬,他生了女儿,亲戚朋友都送来了贺礼,按习俗他要发红鸡蛋、请喝酒。可是,当时上海是沦陷区,人心惶惶,他哪有心思请大家喝酒。可是钱和礼物都送来了，又不好退，吴企尧决定把这些钱都送到孤儿教养院去，代大家做点好事。当时赵朴初正好是教养院院长，他对吴企尧此举大为赞赏，两个人便成为好友。

在与赵朴初的交往中，吴企尧见证了赵朴初的清廉正直、大公无私、把一切交给党和人民。全民族抗战期间，汪伪势力为了拉拢赵朴初，送来金条、汽车，赵朴初不为所动，坚决

▲ 赵朴初（右）与好友吴企尧

不为汪伪政府服务；赵朴初负责教养院的工作，那时上海缺衣少食，赵朴初不但把工资用来为孩子们买米买衣，还把老家母亲给他的钱也都花在了教养院；赵朴初吃素食，有时忙于工作，赶回来吃不上饭，就吃学生剩下的锅巴，用开水泡着吃，或者只吃一点素面；而他穿的西服，则是从旧衣摊上淘来的便宜货……

实际上，赵朴初经手打理的钱很多。新中国成立前，他经手别人给教养院和救济事业的大笔捐款，解放区托他用来购买重要物资的黄金等，但面对巨额公款，他自己不取一文，钱该做什么用就做什么用。新中国成立后，他任职华东民政部，经手的公款更是不计其数。1951年，他到安徽调查灾情，在蚌埠，面对那些一无所有的灾民，他把自己随身所带的零花钱全都给了灾民，以至于买点日用品都不得不找同事借钱。

赵朴初的高尚品行，对吴企尧人生观的影响也是非常大的。1945年，赵朴初介绍吴企尧加入了民进。吴企尧也由此走上革命道路，为党和人民做了许多有益之事，如他1946年冒着极大的危险将许广平从上海护送到香港，

又从香港护送三位地下工作者到东北解放区。吴企尧退休后,赵朴初还把他请去北京,发挥余热做一些工作。

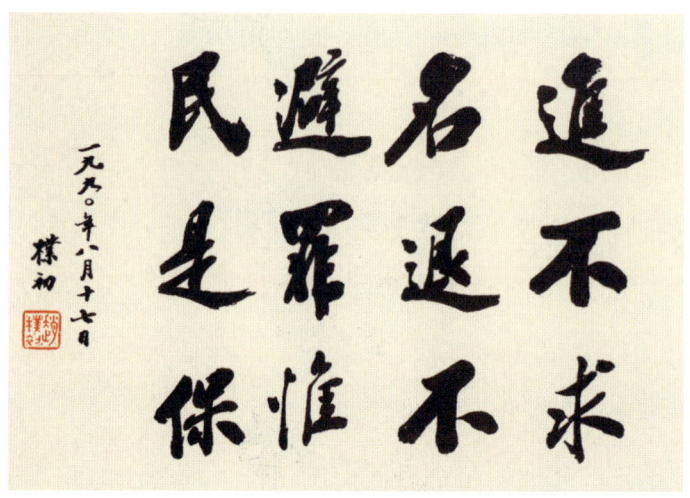

▲ 赵朴初书《进不求名,退不避罪,惟民是保》(1990年)

赏析:

这句话出自《孙子兵法·地形》。意思是说,人进取不是为了求得功名,隐退不是为了回避罪责,只求国家和人民得到保全。赵朴初书写这幅作品,以此作为自己的座右铭。这幅作品写于1990年,这时赵朴初虽然已是83岁高龄,但精力充沛,志在千里,仍希望为国家、为人民做出更多贡献。这种旺盛的精力和伟大的理想,都反映在这幅作品里。

教训弟弟

赵朴初兄妹七人，其中有一个弟弟，名叫赵述初，曾就读于安徽大学，为人忠厚老实，有点书呆子气。

新中国成立前后，赵朴初曾担任私立南翔静安乡村小学董事长。母亲去世后，父亲赵炜如和弟弟离开家乡太湖，辗转安庆、南京等地，最后到了上海，在虹口四川北路居住。弟弟赵述初没有工作，赵朴初就介绍他去私立南翔静安乡村小学教书。学校在南翔郊外，虽然是乡下，但好在学校周围有十几亩田地，能种粮食和蔬菜，可以勉强解决吃饭问题。临行前，赵朴初对弟弟嘱咐道："工作来之不易，定要倍加珍惜，努力工作。"

当时，赵述初刚从学校毕业不久，能写会算，尤其精通数学，不管怎样的难题，到了他手中，马上迎刃而解，因此他被同事称作"全能冠军"。大概赵述初觉得在一所小学当"孩子王"有怀才不遇之感，心里憋屈得很。一次，赵述初在批改一名学生作文时，小情绪突然上来，用笔在学生的作文本上胡勾乱画，然后掷笔而去。

谁知第二天，正好上级来校进行教学质量检查，不巧的是刚好抽查到这篇作文，发现赵述初毫无道理地胡乱批改，把有些通顺的句子改得无法读下去。因此，赵述初被叫去问询。他涨红了脸，解释说："这个学生的作文，我以前好好帮他改，他从来不看。这回我乱改，看他看不看。"

检查的人看在赵朴初的面子上，没有过多地追究他。

很快，这事传到了赵朴初耳中，一向宽厚的赵朴初大怒，几次要求校长把他弟弟开除。校长理解赵述初的苦衷，没有照办，只是让他写一份深刻检讨就算过去了。

赵朴初后来又把这事告诉了父亲赵炜如，父亲特地写来一封信，把赵述初训斥了一通："你身为人师，如是做法，按旧说是误人子弟，按新说是不

▲ 赵朴初的弟弟、弟媳

肯为人民服务。"

那年暑假，老师们都陆续回家度假，唯独赵述初留在学校没有回家。开学后同事们关心地问他："赵老师，暑假怎么不去上海啊？"

他低头闷声说："我能去吗？我去了我哥要骂死我的！"

新中国成立后，学校改成了公立，赵述初失业了。父亲赵炜如带着赵述初一起返回了安庆定居。父亲赵炜如当选安庆市政协委员，每月能领到一些国家发的补助。赵述初也自谋职业，在安庆二中找了一份刻英文钢板的工作，但由于孩子多，他的家庭生活还是入不敷出。安庆市委统战部的同志知道这个情况后，决定每月给赵述初家一些补助。不久，赵朴初知道此事，立即写信给弟弟："无功不受禄嘛，有困难，我会帮你们解决，不要给地方添麻烦。"此后，赵朴初每月给弟弟寄20元钱，使他们一家的生活得到很大改善。

赵朴初对亲人除了严格要求外，更多的是关心体贴。1960年前后，赵朴初十分牵挂父亲的生活，他经常寄些食品，接济年迈的父亲。赵朴初的夫人陈邦织曾回忆说："朴老对父母是极孝顺的，对亲友的困难是极关心的。记得新中国成立后我们刚调入北京工作，两人工资并不高，北京花费也大，就是在那样的情况下，他每月几乎要把一半工资寄给父亲、弟弟及其他亲友，而他自己过的是十分俭朴的生活。"

作为长辈，赵朴初很爱侄辈们，经常寄钱寄物补贴他们的生活，同时对他们的要求也非常严格。每次写信，赵朴初都告诉他们要加强学习，努力工作，报效国家。

第五章　清廉正直

一顿早餐

故事发生在1980年的春天，北京城里百花盛开，春意盎然。南京金陵刻经处的管恩琨来到北京，想单独向赵朴初做一次专题汇报。这天早晨，管恩琨接到赵朴初在西大厅等他汇报的通知，他立即前往，只见数百平方米的西大厅只有赵朴初一个人在吃早餐。赵朴初看见了他，笑着放下碗筷，一边亲切地与他打招呼，一边用手示意他挨着自己坐。管恩琨不愿打扰他吃饭，只是静静地坐在赵朴初对面想等待他吃完，桌子上的早餐非常简单：一小碗稀饭，两片炸馒头，一碟剁得很碎的酱菜。

赵朴初见他不说话，连忙打开话题说："今天是全国政协开会第一天，我有外事接待，不能参加会议。为此，我准备了一个书面发言稿，昨天夜里写到三点半。所以现在只能一边吃饭一边听你的报告了。"听到赵朴初的话，管恩琨感到有些难为情：赵朴初可是一个近八十高龄的人，昨夜工作到三点半，今天一边吃早餐，一边还要听工作汇报。于是，管恩琨用简明扼要的语言，向赵朴初做工作汇报。赵朴初听得非常认真，不时插话问些问题。

赵朴初吃得很香，炸馒头吃完了，他还将碗底的碎末儿倒进稀饭碗里；酱菜吃完了，就左手平端着小碟，右手拿着筷子，将贴在碟底的碎菜渣，一点一点地拨到稀饭碗里。赵朴初吃完了早餐，也听完了工作汇报。这时，管恩琨看到：赵朴初面前的三个碗就像用水洗过一般，非常干净，一点残存的饭菜也没有。管恩琨很受感动，同时又心存疑惑：朴老的这顿饭应该没有吃饱，但怎么不见有人来添饭菜？

赵朴初吃完早餐，与管恩琨告辞，匆匆忙忙坐上汽车走了。管恩琨没有其他事，便到处走走，不知不觉走到了小伙房里，见到了做饭的韩师傅。两人熟识，便闲聊起来。从韩师傅的口中，管恩琨才得知：朴老有轻微糖尿

▲ 赵朴初在吃早餐

病，医生不让他多吃。若准备多了，朴老怕浪费，他会硬吃掉，这又对他的身体不好，所以只能这样。

  不久，管恩琨去上海参加一个工作会，赵朴初也参加了那次会议。恰巧听见会议工作人员谈起赵朴初的吃饭问题。赵朴初吃素，中晚餐最多两菜一汤，谁也不能增加。中午的菜没有吃完，赵朴初有吩咐，菜不能倒掉，晚上热一下再吃。这些工作人员第一次接待赵朴初，看到一点剩菜，根本没当回事，马上倒掉了。想不到，晚餐端上桌时，赵朴初还记得中午的那碗剩菜。得知剩菜倒掉了，赵朴初有些不高兴，晚餐也吃得有点不开心。再有剩菜，工作人员就不敢倒掉了。可是大家都觉得让赵朴初吃剩菜，一是不卫生，二是营养不够，这也不好呀。有一位工作人员想出个办法来，让厨房里的师傅再炒一点与剩菜一样的菜送过去。果然，赵朴初没有看出来，愉快地吃了起来。

  工作人员看到赵朴初这么节约有些心疼，于是找了一位与赵朴初比较熟悉的领导，想让他劝告赵朴初要看重身体，开会有伙食费，不要再吃剩菜了。领导笑笑说："朴老的为人我知道，在他看来，浪费是叫人难以容忍的大坏事。我们还是尊重朴老的习惯吧！"

拼起来的床

北京西城区和平门附近的南小栓胡同1号,是赵朴初的家。1962年,赵朴初一家搬来这里居住,当时叫作东栓马桩胡同。

这是一个再普通不过的四合小院,坐北朝南。一侧有红色的铁门,进门是一个院子,院中有枣树、竹子等。北边是赵朴初的书房、卧室等,南边是客房及工人住房,东西两边是厨房、杂物间。到20世纪八九十年代,北京城市建设日渐繁荣,高楼大厦鳞次栉比,这小小的四合院就显得有点简陋了。

而室内家具就更显寒酸,用现在的话说,没有一件上档次的名牌家具,都是老旧的产品。有些还是赵朴初在上海时用过的生活用品,后来带到北京继续用,如竹皮暖瓶、饭锅、补了又补的塑料盆等。

▲ 赵朴初在北京的家——南小栓胡同1号

最让人无法想象的是赵朴初睡的床，竟然是由两张旧单人床拼成的"大床"。床上的被子也是旧的，睡在这张"大床"上就像睡在石板上一样硬，中间拼接的地方更是硌背。一次，弟弟赵述初来北京看病，看到哥哥家的这张床，忍不住对赵朴初夫妇说："哥哥、嫂嫂，买一张新床吧！我们乡下普通老百姓家现在都找不到这样的床了。睡在这样硬邦邦的床上哪能休息好，又不是经济上用不过来。"

作为亲人的赵述初无法理解哥哥赵朴初为何对自己如此"抠门"，要知道捐助灾区人民和支持家乡发展，哥哥可是几万、十几万地慷慨解囊啊！

赵朴初语重心长地对弟弟说："我国有句名言'俭以养德'。我们的经济发展了，大家的生活水平提高了，但一定要注意勤俭节约，时刻保持和发扬艰苦奋斗的优良传统，反对奢侈挥霍浪费的作风。这张拼成的'大床'虽然硬点，但还能睡，就不要浪费了。"

中国佛协的工作人员来看望赵朴初，看到这张"特殊"的床，心里实在觉得过意不去，对赵朴初说："朴老，换一张新床吧，您和夫人都上了年纪，睡在这样的床上不舒服，对身体也不好。"赵朴初笑着说："没事，没事，几十年都过来了，挺好的，当是'卧薪'嘛！"

因赵朴初坚持不肯换床，这张床就一直使用着。后来，由于使用时间长了，两张床之间出现了很大的缝隙，无法拼到一块儿。夫人陈邦织便想请常给佛协做事的木工给修修。赵朴初说："两床之间虽有缝隙，但还能凑合用，可不要太费周折了。"夫人陈邦织微笑着点点头说："知道了，知道了。"

后来佛协的工作人员帮陈邦织请来木工做了一块木板铺在两张床上。木工师傅敬佩地说："我到过许多领导干部的家，也到过许多普通干部和职工的家，从没见到哪家的双人床是如此拼凑的，更何况赵主席又有这么高的身份呢。"木工师傅认真做好木板，铺在床上面，再铺上被褥，总算不再硌人了。

木工师傅干完活，正准备离开，陈邦织叫住了他，拿出些钱来付工料费。木工师傅不肯接，说："赵主席为国事操劳奔波，早该睡上一张舒适的床了，但你们二老却如此节俭硬是不肯换床。我这只是举手之劳，就不用付工资啦！"陈邦织笑笑说："那可不成，你要不收下工料钱，我就不让你走了。"木工师傅推辞不下，只得接下了钱。

如今，在赵朴初纪念馆里，就陈列着许多赵朴初家的旧物，静静地向后人展示着他朴素的生活作风、高尚的品行。

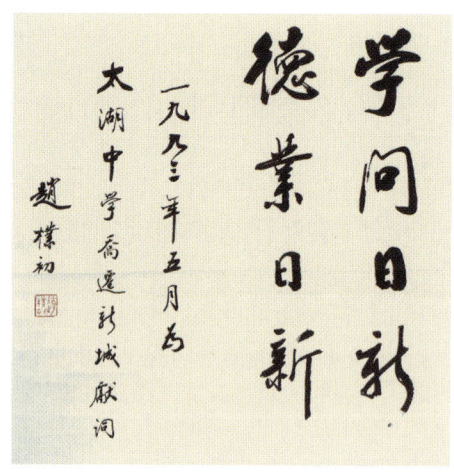

▲ 赵朴初书《学问日新，德业日新》（1993年）

赏析：

1993年，太湖中学从老县城迁到新县城，赵朴初写下这副题词，用笔自然轻松，字体俊朗神秀。两个"日"与"新"字，写法不同，展示了赵朴初高超的书法艺术。

勤俭节约的楷模

赵朴初和夫人都有工资，加上稿费、奖金，家庭收入比较可观，可是他们的日常生活，却是简朴得不能再简朴，甚至有些"吝啬"。

赵朴初有一双老式接头皮鞋，他自己也记不清穿了多少年了，已经非常破旧。就是这样一双鞋，赵朴初平时还根本舍不得穿，只有在重大场合和接见外宾时才拿出来除除尘、擦擦油，接见完毕又收起来。

有一天，赵朴初又穿着这双皮鞋接见日本朋友。他们一边走一边交流，赵朴初发现一个日本朋友老是盯着自己的脚，他也低头一看，才发现皮鞋接头的地方已经老化开胶了。那个日本朋友被他的勤俭节约精神所感动，回国后专门给赵朴初定做了一双新皮鞋。

赵朴初就是这样一个人，在生活上舍不得乱花一分钱，他穿的衣服几乎都是缝补过的。晚辈来看望赵朴初，经常被叫住，帮助他缝补破了的衣服。

晚辈们对他说："现在谁还穿打着补丁的衣裳？"

赵朴初总是笑笑说："这衣服就破了这么个小地方，丢了多可惜。"

赵朴初给亲戚朋友写信，都是自己花钱买信纸、信封和邮票。他公私分明，从不占公家的便宜。早先，他曾自己制作过一些信封，后来，邮政部门要求使用统一规格的信封，他自己做的信封就不能用了。他别出心裁，将那些旧信封剪成条子，然后在上面写些名言警句，譬如"见善则喜，闻过则迁""爱日以学，及时以行""人之为学，不进则退""勤可补拙，俭可养廉"等等，再请人塑封，便成了一张张小书签，寄给亲朋好友。这些书签虽然看上去有些粗糙，但对于得到它的人来说，却是多么珍贵！

赵朴初在生活上勤俭节约，严于律己，对待公共资源也一样"吝啬"。赵朴初在北京医院住院，打的开水没有用完，工作人员准备倒掉，去打刚烧

▲ 赵朴初在家中的书房

的开水。这时，赵朴初总是摆摆手，不让倒，要留着晚上洗脸，洗脚，冲马桶。

赵朴初总是这样说："我国是个缺水的大国，我们不管在单位还是在家中，都要养成节约用水的好习惯，尽量做到不浪费一滴水。"

在单位，赵朴初更是节约的典范。有一次，他到中国佛学院去检查工作，在为学僧做衣服的房间里，看到大量剪下来的布条堆在地上。他便问工作人员："这些废布条怎么处理呀？"

工作人员一时无法作答。说实话，以前做衣服也剩下不少这样的废布条，最后都当作垃圾处理掉了。

赵朴初想了想说："物尽其用，我们不可浪费，这东西可以用来做拖把。"工作人员按赵朴初说的，把这些废布条都利用了起来。

赵朴初常常这样要求工作人员："要注意节约用纸，平日写材料和相互间写便条，信封和办公纸可两面用，能节约的尽量节约。"在赵朴初这种节俭精神的感召下，单位里工作人员日常办公都比较注意节俭，各部室之间相互往来的信件，基本上都是用旧信封，这已成为不成文的规定，形成了一种习惯。

赵朴初去世后，夫人陈邦织依然保持着这种勤俭节约的生活方式：家里的废纸舍不得丢掉，堆在那里，留着卖些钱。别人送来的水果，有些开始烂了，也不肯扔，削掉腐烂的地方继续吃……他们这种勤俭节约的精神，深深地感染了每一位来访者。

无用信封改作书签用[1]

邮电局为便于邮递，规定信封格式。余旧制信封皆不合格，因以之改作书签，一信封可作二枚，尚有余纸。

莫笑老人犹好动，无用信封改作书签用。

剪裁粘贴成方圆，毛君墨子[2]来供奉。

读书自古多嘉言，择录老庄兼孔孟。

陶潜杜甫苏东坡，各有妙辞堪吟弄。

持赠亲朋为笑乐，幸得伴君风雅颂[3]。

一九九六年六月二十四日

 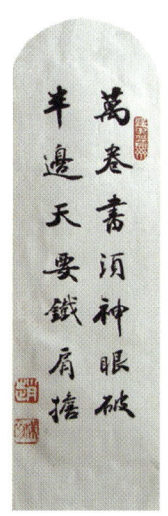

▲ 赵朴初自制书签两枚

注释：

①原诗无题，标题为编者所加。

②毛君墨子：指笔墨。

③风雅颂：《诗经》的组成部分，此处代指《诗经》。

赏析：

  尊重人民，尊重劳动，生活简朴，勤俭节约，是赵朴初终生不改的伟大情怀和生活习惯。在赵朴初那里，破旧的家具，修理好，可以再用；破旧的衣服，缝补好，可以再穿。有些看似无用的东西，通过改造，可以变废为宝，改作他用。无用的信封，通过裁剪加工，配以优美书法和至理名言，可以变为精美的艺术品。这首诗从一个侧面反映和见证了赵朴初勤俭节约的精神。

"三不副主席"

1983年，赵朴初当选为全国政协副主席，成为国家领导人。按照级别待遇，他可以得到更好的生活保障，包括住房、配车、工作人员等。

有关部门工作人员上门和他商量换房的事。赵朴初说："我住在这里很好，不用换，把房子安排给更需要的同志用。我和周边群众都很熟悉，每次出门散步我都主动和他们拉拉家常，这样不但联络了干群的感情，也随时可以了解老百姓的需求。"

工作人员提出参观小院子的请求，顺便察看一下赵朴初的居住环境。这是一个很旧的四合院，从屋顶上瓦片的痕迹可以看出有多处地方是刚翻修过的，室内墙壁虽粉刷了一遍，但裂缝的痕迹还是能看得出来。院子东边用砖铺了一条小路，小路旁新编的竹篱笆把小院隔成两个区域，篱笆边是一块菜地，绿油油的藤蔓攀着篱笆顺势生长，院中有两棵枣树十分旺盛，一小片竹林郁郁葱葱，给朴素的小院增添了很多活力。

忽然，一阵嘈杂声传进小院，工作人员迅速走出院子了解情况，原来是附近一所小学的孩子由于学校场地太小，课间就跑到胡同里来玩了。工作人员以环境嘈杂不利于工作和生活为由，再次和赵朴初协商换住房，但他还是没有同意。

后来，在南小栓胡同这个简陋的四合院里，他一住就是几十年，直到去世。赵朴初总是嘱咐工作人员："我们国家正处于发展阶段，还不富裕，尽量不要给国家添麻烦，能用则用，能省则省，让国家集中人力财力办大事。"赵朴初是这样讲的，也是这样做的。

按照规定，有关部门要给赵朴初配警卫员，赵朴初再次谢绝了，他诚恳地说："我在这里住了20多年了，安全没有任何问题。再说，经常有外国朋

赵朴初的故事
ZHAO PUCHU DE GUSHI

▲ 赵朴初故居——北京市和平门南小栓胡同 1 号

友来我家，看到警卫员，会让他们感到生分。和邻居们相处，也会让他们产生隔膜。"赵朴初说的是实话，他与邻居相处得非常和谐。平时，谁家有什么好吃的，都不忘送些给赵朴初夫妇。如果来了警卫员，这份融洽的邻里关系可能就不复存在了。

随着年龄的增长，赵朴初的身体状况明显变差了，1994年后他几乎常年住院，夫人陈邦织为他送饭送物品，每天奔波于家与医院之间，很是辛苦。有关部门决定给赵朴初增派工作人员，他再一次拒绝了，他笑眯眯地说："谢谢各位的关心！你们的心意我收下了，家里现在工作人员已经足够了，万一有特别的事情，我可以安排秘书处理一下。"

国家给赵朴初配的一辆汽车，他一用就是十几年，都已经成"老爷车"了，有关部门决定给他换一辆安全系数更高、坐起来更舒适的汽车。工作人员想到前几次和赵朴初商量都没有成功，这次决定不和他商量直接将新车开到赵朴初上班的地方，把旧车换回来。赵朴初接到秘书的报告，连忙让秘书予以拒绝："现在的汽车我坐得很舒服，习惯了，坐了这么些年，已经有感情了，你们还是尊重我的决定，就不要换了吧。"

赵朴初一不换住房，二不要警卫员，三不换汽车，人们尊敬地称呼他为"三不副主席"。

 书法欣赏

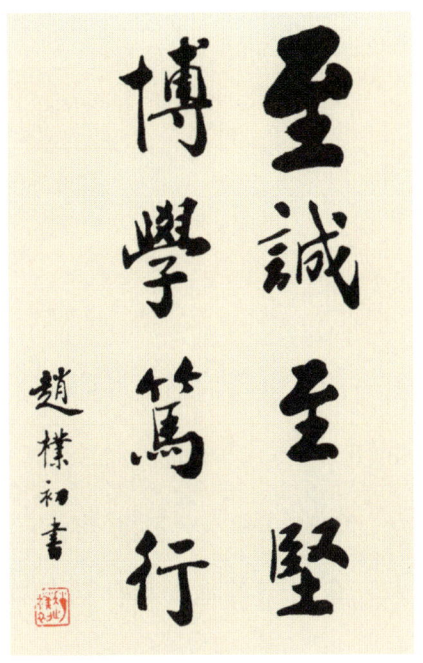

▲ 赵朴初书《至诚至坚，博学笃行》（1996年）

赏析：

1996年，赵朴初为安徽大学题写校训，单字端庄俊丽，整篇大气磅礴。

第六章
慈悲济世

不是亲人胜亲人

赵朴初夫妇没有子女，但是，他一生热衷慈善事业，将自己的爱洒向每一个需要关心与关爱的人。在全国各地，赵朴初有着数不清的"儿女"，从这个意义上说，他是最幸福的。

王成根就是受到赵朴初关爱与帮助的众多苦难孩子中的一个。而要说起赵朴初关爱王成根的经历，首先要从赵朴初办的教养院说起。

王成根原是上海惠群布厂的学徒工，这家工厂是地下党办的，厂长陈诚中是地下党员。1940年，工厂奉命撤退到新四军根据地去，因为当时王成根很小，陈诚中就把他安置进了赵朴初主持的教养院。学习一段时间后，为了让王成根早日自立，赵朴初介绍他去中央机器厂当学徒。

一年后，王成根由于过度劳累，被机器撞伤左肘关节。赵朴初知道后，赶紧来到工厂，将王成根送到医院治疗，并多次前往探望，给王成根以鼓励和安慰。几个月后，王成根因交不起住院费，被医院赶了出来。他迫于生活，不得不吊着一只受伤的手臂，沿街挑担卖山芋。

这天，王成根挑着一担山芋走在街上，迎面看见一个熟悉的身影，是赵朴初老师！赵朴初也看见了他，问他："我前两天还去医院看你，说你出院

▲ 晚年的赵朴初与少年村学生王成根等合影。前排左起：陈邦织、赵朴初、程莲华，后排：王成根夫妇、李志云夫妇

了，有困难怎么不和我说？"

一向刚强的王成根像见到了亲人，忍不住流下了泪水。

赵朴初接过王成根的担子，对他说："你的伤还没有完全好，不能挑担子，明天还回教养院。"

为了不给教养院添麻烦，第二天，王成根继续去卖山芋。赵朴初不见王成根来，立即派了程莲华老师上街去把王成根找回来，安排在厨房打杂。

在后来的漫长岁月中，赵朴初一直关注着王成根的成长。"文革"期间，赵朴初也成了"反动文人"，受到打击，被勒令搓煤球。但他听说上海的王成根在劳动中被重物撞击致腰椎骨折几乎瘫痪的消息后，不顾自己身处逆境，从北京寄来药物，还写信给上海的老友梅达君，让其帮忙请名医救治王成根。

在王成根的记忆里，仅在新中国成立前，赵朴初为他介绍工作就不下五次。王成根没有辜负赵朴初的期望，他成为赵朴初从事革命工作的得力助手。后来，王成根还曾担任上海人民美术出版社副社长。

丁志洁家住绍兴，1940年，日军把他的父亲抓了起来，绑在电线杆上活活烧死。他随母亲来到上海,因实在无法生活,成了街头的流浪儿。教养院收下了他,后来送他参加了中国人民解放军。

上海音乐学院的施咏康教授六岁丧母,九岁丧父,也是流落街头后有幸被教养院收留。刚进教养院时,他因为一时不习惯这里有规律的生活,一连逃了五次,每次都被教养院的老师找回。老师们用一片真情温暖了他一颗冰冷的心,并根据他爱好唱歌的特长,将他送进陶行知办的育才学校音乐组,后来他成了一名著名的音乐家。

1954年,赵朴初去北京工作,还不忘带走刚从少年村毕业的家庭困难的冯骏、赵三喜同学,帮他们在北京找到工作,成家立业。每一个从教养院、少年村走出的孩子,无不感念着赵朴初和各位师长的养育之恩。

在20世纪40年代的旧上海,赵朴初主持的教养院、少年村,是一个多么温暖的大家庭!这里也是一个培育儿童的"试验田",为探索解决中国儿童教育问题、犯罪问题和其他有关儿童的社会问题,积累了许多宝贵的经验。

天涯海角①口占

不知何处有天涯,

四季和风四季花。

为爱晚霞餐海色,

不辞坐占白鸥沙。

注释:

①天涯海角:位于海南省三亚市西边约20千米处。有两石分别刻有"天涯"和"海角"字样。

赏析:

1994年1月,赵朴初到海南,游览了海南的天涯海角,陶醉于天涯海角四季如春、花开不败的优美景色，随兴口占七绝一首。此诗不仅表达了赵朴初对天涯海角美景的赞美之情，一句"不辞坐占白鸥沙"更表达了赵朴初恩及海鸥的慈悲情怀。此诗基调明快，琅琅上口，堪称佳品，1996年被镌刻在天涯海角景区的巨石上。

为孩子们补充营养

抗战时期,上海沦为"孤岛"。汪伪政权的黑暗统治,使这里犹如人间地狱,老百姓缺衣少食,在死亡线上苦苦挣扎。

日本侵略者在上海疯狂掠夺资源,致使上海粮食极为紧张。流浪儿童教养院里,百余张嘴嗷嗷待哺,每天吃用开支都非常大。赵朴初到处募捐,老师们也是各尽所能,想方设法让孩子们吃饱、穿暖。

赵朴初工作的津贴,还有老家里母亲寄给他的钱,大部分都用在了教养院。在赵朴初的影响下,一些进步人士纷纷伸出援助之手。有人还义务来到教养院,帮助工作,不取报酬。

有一段时期,教养院吃的是仁济堂施舍的"地脚米",煮的时候没有一点黏性,还有股难闻的霉味,很难吃。程莲华老师就带了八九个学生,穿过日军封锁线到周家桥一个熟人家背点好米,回来掺在"地脚米"中熬粥给学生喝。

赵朴初写了封信,让程老师去雷士德医学院请教一位专家,问有没有少花钱就能使孩子们得到必需营养的好办法。经专家指点后,全体老师都行动起来,到外面捡拾人家丢掉的鸡蛋壳,磨成细粉,放在豆浆里给孩子们喝,磨豆浆剩下的豆渣给孩子们当菜。因为教养院办在净业社,按规定是不能食荤的,但赵朴初为了养好孩子们,主动担起责任,默许老师们到一些食品店募来牛、羊骨头,放在大锅里趁夜熬汤给孩子们喝。

关静之大姨看着赵朴初既要养小家,又要养流浪儿童教养院这个大家,每天为孩子们的衣食奔波,担心赵朴初的身体吃不消,于是也不顾自己年高体弱,帮助他在教养院管理后勤工作,天天忙着磨鸡蛋壳粉。

教养院里还有一位蒋师母,也学着赵朴初,到处找熟人和亲戚募捐。她有一位亲戚，平常不相往来，但为了孩子们，她还是敲开了那位亲戚家的大门，经过一番说服，那个亲戚答应给每个孩子捐一个咸蛋。孩子们捧着平日里想吃也吃不到的咸蛋，高兴得不得了。正在品尝的时候，那家的几个纨绔子弟走过来，指着孩子们说："这咸蛋是我家捐给这些小瘪三吃的。"孩子们的自尊心受到极大的打击，个个放下咸蛋，不吃这"嗟来之食"。蒋师母眼看事情就要闹僵，连忙劝走了那些富户子弟，大声对孩子们说：

▲ 少年村的师生们

"同学们，我们人穷志不穷，记住我这句话就行了！"蒋师母的话深深印在孩子们心中，鼓励着他们做有志向、有抱负的中国人！

抗战胜利后，赵朴初改教养院为少年村，发动上海一些名流担任少年村董事，争取他们的经费支持。他与宋庆龄领导的中国福利基金委员会建立了密切的联系，通过中国福利基金委员会与国际救济总署取得联系，为少年村募集到不少救济物资，又争取中国福利基金委员会组织的国际义养会为少年村 50 名学生提供认养，使少年村学生的生活逐渐趋向稳定。

就这样，尽管生活极其艰苦，但教养院、少年村的孩子们没有营养不良的情况。他们还在少年村接受良好的教育，改掉自身在社会上流浪时所形成的各种坏习惯，成为国家的有用之才。他们在心中始终感激"父亲"赵朴初的教养之恩。

创作《金缕曲》

▲ 赵朴初在全国政协会议上发表讲话

新中国成立前,赵朴初在上海办教养院、少年村,从事的就是教育工作,他对教育事业和教师都怀有深厚的感情。

中国民主促进会是接受中国共产党领导,同中国共产党通力合作的中国特色社会主义参政党。会员以从事教育、文化、出版工作的高、中级知识分子为主。赵朴初是中国民主促进会的发起人之一,长期担任民进中央副主席、名誉主席等职务。

中国的教育问题,一直是民进高度关注的工作内容。尽管赵朴初工作繁忙,但与教师有关的座谈会和访问活动,他总是尽量参与,为做好教育工作、改善教师待遇等提出了很多建议。

"文革"期间,年近花甲的赵朴初也受到很大的冲击。个人的不幸只是小事,他目睹国家遭此波折,教育事业陷于一片混乱,教师们受到不公正待遇,赵朴初忧心如焚。

"文革"结束后,随着各条战线的拨乱反正,教育事业也走上正轨。1979年暑期,教育部和全国教育工会在北戴河召开全国班主任工作经验交流会,邀请民进中央领导出席。民进中央就邀请一贯重视和关心教育事业的赵朴初去参加,赵朴初也答应了。但是临到开会前,赵朴初因有重要活动不能分身前去,感到非常抱歉。当时分管文教工作的国务院副总理王震出席了北戴河的经验交流会,对赵朴初不能来,也感到很惋惜。王震副总理嘱托国家教育部师范教育司一位领导捎话给赵朴初,请赵朴初写个题词,对忠诚于教育事业、不畏艰难、不辞辛苦的教师予以关怀和鼓励。赵朴初欣然答应,他在家里经过酝酿推敲,把对教育、老师的满腔热爱倾注字里行间,填写了一首《金缕曲》:

金缕曲·敬献人民教师

不用天边觅。论英雄、教师队里,眼前便是。历尽艰难曾不悔,只是许身孺子。堪回首、十年往事。无怨无尤吞折齿,捧丹心、默向红旗祭。忠与爱,无伦比。

幼苗茁壮园丁喜。几人知、平时辛苦,晚眠早起?燥湿寒温荣与悴,都在心头眼底。费尽了、千方百计。他日良材承大厦,赖今朝、血汗番番滴。光和热,无穷际。

"几人知、平时辛苦,晚眠早起?燥湿寒温荣与悴,都在心头眼底。"写着,写着,他的眼前浮现起老师清早赶往学校、深夜还在批改作业的场景……热泪不禁涌出眼眶。

1981年,全国政协五届四次会议上,民进的17位政协委员联名提交了一份提案,建议确定全国教师节日期及活动内容。提案指出,教师担负着培养"四化"建设人才的重任,应当享有崇高的社会地位。1985年1月,全国人大常委会确定每年的9月10日为教师节。

1985年9月10日,是第一个教师节。赵朴初专门去佛学院看望那里的老师们,他又一次抄录了《金缕曲》,在会上朗诵给老师们听,并强调"我们要尊重知识,尊重人才,只有在培养人才上花大力气,才能够为祖国培养出优秀人才"。

赵朴初亲自到印刷厂,找人将这首他非常恭敬抄录的《金缕曲》用宣纸印刷了好多份。外出工作时，赵朴初遇到教师和有关人员，就把印刷好的《金缕曲》作为礼物送上，表达他对教育和老师的敬重。

这首《金缕曲》很快广为流传，受到全国教师的喜爱。大家都认为，这首词写出了教师的心声。许多教师将这首词抄录下来，作为自己的座右铭，还有人也拿起笔来，和写了许多首《金缕曲》。这首词激励了千千万万的人民教师献身中国教育事业，在工作岗位创造佳绩。

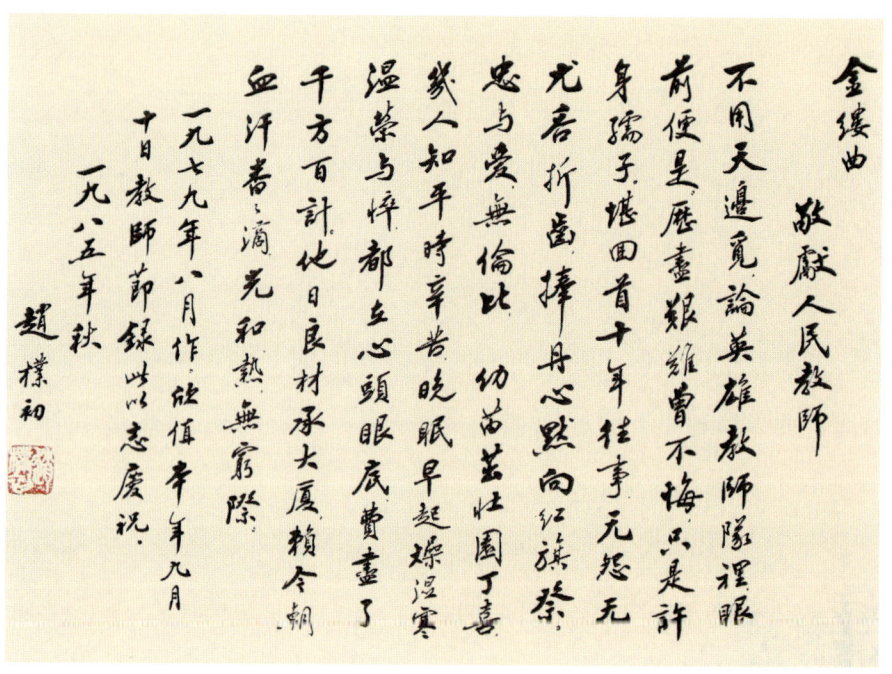

▲ 赵朴初书《金缕曲》（1985年）

赏析：

赵朴初怀着非常敬佩的心情，工整抄录下这首《金缕曲》，献给辛勤耕耘的老师们。赵朴初自己也很喜欢这幅作品，他印刷了很多份，作为礼物送人。

"八老"写信

赵朴初的一生,是与慈善事业结缘的一生。对那些缺衣少食的贫苦百姓,尤其是残疾人的命运,他时刻牵挂于心,并且他为改善他们的处境与命运倾注了大量心血。中国残疾人福利基金会、中国伤残人康复研究中心的成立,都有赵朴初的一份功劳。

邓小平之子邓朴方因伤于1980年到加拿大接受手术,亲身体验到国外发达的残疾人康复系统。回国后,他与同为残疾人的开国大将王树声之子王鲁光取得联系,筹划在国内建一个残疾人康复中心。很快,他们身边就聚集了一群志同道合者。1983年3月,他们发起成立了中国伤残人康复研究中心筹备工作领导小组。

邓朴方和王鲁光拜访了当时在社会各界很有影响的"八老"(即李维汉、胡子昂、季方、赵朴初、黄鼎臣、华罗庚、吴作人、张邦英)及有关人士。赵朴初在家中接见了邓朴方和王鲁光等人,热情赞扬了他们身残志坚的精神,表示要全力支持他们的工作。"八老"决定联名给民政部写信,倡议成立基金会和康复研究中心。信中说:"我国肢体伤残者,约350万,其中不少是截瘫患者。在现代化建设中,不可避免地会出现工伤、交通等事故,再加上地震等自然灾害,此类病人还会增多。如能设立专门机构,使这些患者在党与社会的关怀下,得到系统的治疗及康复训练,从而达到生活自理,部分参加工作,就可以使他们由社会负担变成社会建设者。因此,建立康复研究中心刻不容缓。""如果能尽快创建一个较高水平的康复中心,充分学习外国经验,用我国中西医结合的方法,走一条新路,不仅能体现党对人民疾苦的关怀,体现社会主义制度的优越性,体现三中全会以来的成果,同时也是对人类的一大贡献。"

▲ 赵朴初在病房中和大家商谈工作

1983年4月，在邓朴方、王鲁光等人的呼吁下，赵朴初还与20多位政协委员以及31位全国人大代表一道，提出了设立中国残疾人福利基金会、建立中国伤残人康复研究中心的提案与议案。全国人大和全国政协表示接受，转请国务院研究处理。很快，这两个机构的建立得到国家的批准。1983年11月，国家拨款2600万元建立康复研究中心。

1984年3月15日，中国残疾人福利基金会在北京召开成立大会。彭真、习仲勋、王震、余秋里、王平、段君毅、胡子昂、赵朴初等人到会祝贺。在赵朴初的倡议下，宗教界也派有代表参加。赵朴初欣然为基金会题名，并担任名誉理事。随后，中国佛协和上海佛协分别从布施收入里拿出5万元捐给基金会。在赵朴初等人的影响下，基金会得到社会广泛重视，募集了大量的捐款。

从那个时候起，赵朴初就让秘书专门准备了一个小箱子，存放有关残疾人事业的文件夹，以随时可以取阅。

尽管赵朴初年事渐高,且工作极其繁忙,每天要处理大量的事务,还有许多社会活动需要参加,但他仍时刻心挂慈善事业,尤其是残疾人事业。凡有关残疾人的事情,只要找到他,他都会尽力去呼吁,去办理。

20世纪90年代,赵朴初长期住院。病榻上的他,一直念念不忘残疾人事业。1997年3月,他在听取了有关人员关于残疾人工作的汇报后,写下了这样感人的题词:

> 愿我们经常提醒自己,勉励自己,关心年老的残疾人如同自己的父母,关心年相若的残疾人如同自己的兄弟,关心年少的残疾人如同自己的子女。

后来,《人民日报》头版刊载了这幅题词并加按语,号召全社会都像赵朴初所说的那样,以人道主义的情怀尊重、理解、关心、帮助残疾人。

文债

漫云老矣不如人,犹是蜂追蝶逐身。

文债寻常还不尽,待将赊欠付来生。

赏析:

赵朴初是著名的书法家,很多人千方百计想得到赵朴初的墨宝。赵朴初不顾年事已高,体弱多病,总是有求必应。1996年暮春,赵朴初因病住院,在病床上,想到还有很多友人请他题诗、题字,对这些没有完成的任务,自觉有些歉意,便写下了这首《文债》诗。

写字义卖救洪灾

1998年入夏，四川、湖北、湖南、江西、江苏、安徽诸省连降大雨，山洪暴发，江河泛滥，一场百年未遇的洪灾突如其来。长江上，一个接着一个的洪峰，从上游汹涌直下，严重威胁着两岸百姓生命和财产安全。

北京医院里，已是92岁高龄的赵朴初正躺在病床上休养。不久前，他因患白内障做了手术，现下正在手术恢复期间，所以看书、写字都很困难。听到电视、广播里播出关于洪灾的消息，他忧心忡忡，夜不能寐，担心着长江的堤坝能否抗住洪峰，抗洪前线的军民生活有没有保障。

赵朴初不听医生和亲人的劝阻，掀开被子毅然决然地起身给中国佛协负责同志写信，呼吁大家齐心协力，同舟共济，帮助灾区人民渡过难关……

在赵朴初的呼吁下，大家都深刻认识到救灾是当前刻不容缓的大事。中国佛协决定从紧张得不能再紧张的款项中挤出10万元先捐出去，后面再想办法。

有人提出：能否发动广大书画家搞书画义卖赈灾？赵朴初听后连声说："这是个好办法，这是个好办法！"他全然忘记了自己是个刚做过手术的病人，立即投入到工作之中。由于手术后眼睛尚未完全康复，看东西模糊不清，赵朴初为了写好一幅字要反复好几遍，一写就是几个小时。实在太累了，他就坐下休息片刻，然后继续写。为激励全国人民共克时艰，赵朴初还专门填了一首词。

赵朴初一共写了六幅作品参加义卖。他的行动，得到了许多人的响应，著名书画家启功、沈鹏、刘炳森等也纷纷拿出作品送来义卖。

8月8日上午，北京西城区广济寺内，阳光普照，树影婆娑，蝉声清越。体弱多病的赵朴初不顾医生劝阻，坚持从北京医院赶来，参加义卖周开幕式。国家宗教事务局、中华慈善总会的领导也来参加了。此次义卖周活动的开幕式，中央电视台、北京电视台都作了报道，《人民日报》《人民政协报》《北京晚报》《北京晨报》等多家报刊也及时作了宣传。

▲ 赵朴初抱病出席书画义卖周开幕式

赵朴初在讲话中深情地说："救灾恤邻是中国的文化传统，现在南方发生水灾，两亿多人受难，我们更应该在党和政府的领导下，发扬一方有难八方支援的精神，号召更多的人来做贡献。古人说，多难兴邦，因为多难能振奋民族精神。"

赵朴初的话，像滴滴清凉的甘露洒在在场所有人的心田，大家纷纷拿出作品或购买书画作品，把义卖活动推向高潮。

赵朴初的六幅作品很快被人一抢而空。他很高兴，晚上回到医院，又写了三幅，继续送去义卖。

北京城内外的许多爱心人士和书法爱好者闻讯赶来，有的捐出作品，有的认购书画。不论是驰名中外的书画泰斗，还是童稚盎然的丹青新秀，都是倾情奉献，心系灾区。

义卖周共筹款60多万元，加上单位捐款和赵朴初个人捐款共计100多万元。赵朴初指示工作人员尽快把钱捐给有关机构，用于救助灾区人民。

书法欣赏

▲ 赵朴初书《西江月》(1998年)

释文：

洪水肆威南北，难摧血肉长城。与天奋斗建殊勋，八表风雷响应。　大患转成大力，掀腾急难亲情。救灾防汛并肩行，万众一心决胜。

一九九八年八月作并书

赵朴初时年九十有二

赏析：

尽管赵朴初当时身体状况极差，但这幅作品书写极其认真，笔墨丰满，饱含对灾区人民的关切之情。

与小学为邻

在赵朴初家附近,有一所东栓小学。每天早晨听着孩子们琅琅的读书声,对于赵朴初夫妇来说,是一件十分美好的事情。但由于学校没有操场,一上体育课,孩子们总爱到学校外的胡同奔跑打闹。工作人员担心影响到赵朴初休息和办公,便会出来劝说孩子们到别处去玩。赵朴初听见了,赶忙叫住工作人员,柔声说道:"不要限制他们,他们学校太小,连个操场也没有,让他们好好玩玩,爱玩是孩子们的天性嘛。"

有一次,刚出门散步的赵朴初便迎面碰上几个玩得满头大汗的孩子。他满是欢喜,关切地问:"孩子,你几岁了?叫什么?家住什么地方?胡同里窄,常有车辆来往,你们一定要小心,别撞上车,尤其是拐角的地方,步子要放慢一点。"刚开始,孩子们有点胆怯,不敢上前应答,后来慢慢发现这位老爷爷特别和蔼可亲,便你一言我一语地和老爷爷聊开了。日子久了,孩子们跟他渐渐熟起来了,对这位邻家老爷爷也愈发喜欢,虽常来胡同,但都很自觉,不再像以前那样疯玩了。

有时遇见学校老师,赵朴初总会主动询问学校的情况。他问得仔细,听得也很认真。有一天,一位老师非常高兴地告诉赵朴初,他们要建新学校了,以后上体育课,就不会有孩子来打扰了。赵朴初高兴地说:"真是好事,那样孩子们就能有新操场了。想到往后的日子里再也听不到孩子们琅琅读书声,还真有点舍不得你们。等到新学校建成了,我一定要去恭贺!"

东栓小学即将落成时,老师们想起赵朴初说过的话,便想请他为学校题名。赵朴初一口答应,很快就题写了校名。

1991年9月30日,东栓小学将举行落成庆典,给赵朴初送来了请柬。学校领导有点担心:赵朴初是国家领导人,工作忙,不知道能不能来?殊不

▲ 赵朴初参加东栓小学教学楼落成典礼

知赵朴初一收到请柬，就推却了当天安排的其他工作，邀夫人一起去参加。他还特意抄录了爱因斯坦的《每天的提醒》和陶行知的《每天四问》两幅字作为礼物送给学校。

典礼那天，孩子们一早就看到了赵爷爷那熟悉的身影。他面带笑容地拄着拐杖，着一套灰色的西服，打着深红色的领带，在陈奶奶的搀扶下，神采奕奕地来到了新校园。他一路不住地向大家点着头，挥着手向大家示意。

典礼上，赵朴初亲手揭开了由他题名的"东栓小学"的匾额。在大家的邀请之下，他以学校邻居的身份说了几句话，那语气仿佛是邻里之间在聊家常。他还打开带来的礼物，仔细地向孩子们解释《每天的提醒》和《每天四问》的含义。孩子们很爱听赵朴初讲话，尤其是那些最爱在胡同里玩的孩子们，听得格外认真。此时的赵朴初，俨然又成了邻家老爷爷……

赵朴初不仅喜爱孩子，而且关心我国少年儿童的教育问题。从孩子抓起，继承和弘扬祖国传统文化，是赵朴初一直关注的一件事。1995 年 3 月，赵朴初与冰心、曹禺、启功、叶至善、夏衍、陈荒煤、吴冷西、张志公等几位文化教育界的老人在全国政协会议上发出"建立幼年古典学校"的紧急呼吁，引起国家领导人重视，得到了许多专家教授的大力支持，全国各地相关机构纷纷响应。

老有所为，老有所乐。这位与小学为邻的老人，对孩子们的关怀从未停止，与教育也有着不解之缘……

九十述怀

九十犹期日日新，读书万卷欲通神。

耳聋不畏迅雷震，言笑能教远客亲。

曾助新军旗鼓振①，力摧谬论海天清②。

千年盲圣敦邦谊③，往事差堪启后生。

注释：

①全民族抗日战争时期，赵朴初负责上海地区难民收容工作，先后收容难民 50 万人次，并对其中青壮年、少年难民进行文化教育和抗日救亡教育。1938 年，通过党的地下组织，将其中一批优秀的青壮年难民送往皖南，参加新四军，受到了中共中央的表扬。

②1961 年，世界和平理事会召开前夕，印度邀请各国代表参加泰戈尔诞辰百年纪念大会。纪念大会开始时，印度科学与文化部长发言攻击中国。赵朴初走上讲台，严词驳斥印度科学与文化部长的无耻攻击，揭露其险恶用心，维护了祖国尊严，受到了各国代表的称赞。

③新中国成立后，中日邦交正常化长期未能恢复。赵朴初向日本友人建议两国佛教界、文化界共同举行鉴真大师逝世 1200 周年的纪念活动，得到了日本友人的积极响应，并形成了促进中日两国邦交正常化的运动，为实现中日两国邦交正常化发挥了重要作用。

赏析：

这是一首叙怀诗。1997年秋，赵朴初已是90岁高龄的老人。生日前，许多亲朋好友前来祝寿，赵朴初感慨万千，写下了这首叙怀诗。诗以"九十犹期日日新，读书万卷欲通神"开篇，真实地再现了赵朴初活到老、学到老，生命不息、治学不止、壮心不已的精神风范。赵朴初这种刻苦自学的精神风范特别值得我们学习。接着，他抚今追昔，简要地述说了全民族抗日战争时期他在上海收容难民，为新四军输送兵员；在泰戈尔诞辰百年纪念大会上痛斥印度科学与文化部长攻击中国的不实之词；举行鉴真大师逝世1200周年纪念活动，推动中日邦交正常化等三件大事。该诗高度凝练地概括了他平凡而又伟大的一生。其实，赵朴初一生，做了远远不止这三件大事。《人民日报》2000年5月31日发表的《赵朴初同志生平》指出：赵朴初同志是著名的社会活动家，伟大的爱国主义者，是中国共产党的亲密朋友。他一生追求进步、探索真理，孜孜以求，矢志不移。在近七十年的漫长岁月中，他与中国共产党风雨同舟，亲密合作，为中国人民解放事业和社会主义建设事业，为造福社会、振兴中华，做出了不可替代的卓越贡献。

他一生致力于中外友好交流活动，始终关心祖国的和平统一大业，积极开展同台湾、香港、澳门和海外华侨佛教界的友好交流与联系，同破坏祖国和平统一事业的言论和行动进行坚决斗争。

第七章 报我乡邦

为《长河文艺》题词

1920年,赵朴初离开家乡,到上海求学。1926年暑假,他曾回乡看望过一次父母,后来很长时间都没有回过家乡。但桑梓情深的赵朴初一直怀念家乡,经常做梦回到家乡。

很早以前,太湖县文化馆办了一份文艺刊物,叫作《长河文艺》,后来停刊了。1978年,编辑人员打算把这本刊物复办,想请名人题词,以扩大刊物的影响。请谁呢?当时县里负责宣传文化工作的同志提议找赵朴初,但大家担心赵朴初是名人又居高位,能随便请得动吗?再说,家乡与赵朴初好几十年都不曾联系,他会不会理会这件事儿呢?编辑同志抱着试一试的心态,以文化馆的名义写了下面这封信。

尊敬的赵朴初同志:

我们常在报刊上读到您老人家的大作,作为家乡的文化单位,感到由衷的高兴和自豪。我们也办了一个小刊,名曰《长河文艺》,以光大我县文风,繁荣文艺创作,培育文艺新人。热切地希望得到您老人家的关怀和支持:为小刊题名。如能赐诗一首,则不胜感谢。

太湖县文化馆
1978 年 10 月 17 日

信寄往全国政协办公厅。令编辑同志没有想到的是,很快就收到来自北京的一个沉甸甸的大信封。拆开一看,几张散发着墨香的宣纸露了出来,正是赵朴初为《长河文艺》题写的刊名,分横写和竖写两件,信封里还夹有一首题词。

为《长河文艺》创刊号题词

攀科学之高峰,溯真理之长河。
开百花之芳园,扬革命之洪波。
托衷情于片纸,望故乡而高歌。

接到这珍贵的信件,编辑同志激动万分。没想到,时隔这么久,赵朴初对故乡的深情依然丝毫未减。大家想象得出来,突然接到来自家乡的信息时,赵朴初是何等喜悦和激动啊。这首一气呵成的题词,饱含着他对家乡深切的怀念和无尽的祝福!

第二年,题名和题词在《长河文艺》发表后,在全县引起了极大的反响。赵朴初这个名字,在太湖县传扬开来,全县的人民更引以为骄傲。广大业余作者创作热情更加高涨,写出了很多好的作品。文化馆给赵朴初寄去了30元的稿费,但赵朴初没有收,另填汇款单退了回来并附有一封信,信是用钢笔在便笺上写的:

太湖县文化馆负责同志并转《长河文艺》编辑同志：

前接来函，承寄《长河文艺》，至为感谢。看到故乡的刊物，七十多年来尚是第一次，欢欣的心情，可想而知。相信在诸位同志的不断努力下，这个刊物一定能不断地进步，对于促进地方的经济、文化建设事业的发展，必将发挥积极的作用。想诸位同志已经注意到这一点。

承寄稿费叁拾元，我不敢收，特此寄还。为家乡的刊物写点东西，是我应该做的，也高兴做的。

因为近来很忙，答复稍迟，为歉，顺致敬意。

赵朴初

为表示感激之情，1980年春天，文化馆从赵朴初老家寺前镇买了两斤茶叶，给赵朴初寄去。不久，他们又收到了赵朴初热情洋溢的复信。

太湖文化馆：

接到来函，寄赠茶叶亦已收到。领略故乡风味，拜荷同志深情，至深感谢。专此函复。

顺致敬礼！

赵朴初

此后，家乡的各级领导、晚辈、亲戚多次前去北京拜见赵朴初，带去了家乡人民的问候，也勾起了赵朴初心中越来越浓的思乡之情。

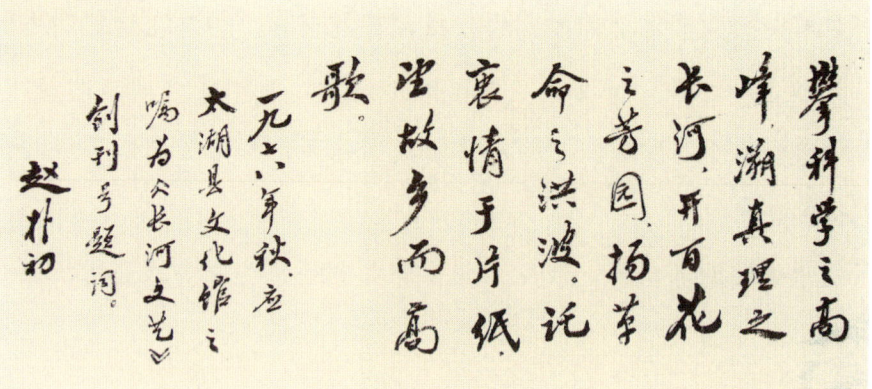

▲ 赵朴初为《长河文艺》题词（1978年）

释文：

攀科学之高峰，溯真理之长河。开百花之芳园，扬革命之洪波。托衷情于片纸，望故乡而高歌。

一九七八年秋，应太湖县文化馆之嘱为《长河文艺》创刊号题词。

赵朴初

赏析：

这篇题词用笔有力，俯仰自如，姿态飞扬，是赵朴初20世纪70年代后期书法代表作之一。

深情细味故乡茶

赵朴初生活勤俭,一日三餐都是粗茶淡饭。他在饮食上唯一的爱好是喝茶,曾开玩笑地把自己称为"茶篓子"。赵朴初足迹遍及国内各地与许多国家,喝过不同地区的茶叶,写下大量茶诗、茶书,为中国茶文化做出了巨大的贡献,是个名副其实的爱茶人。

在所有茶当中,赵朴初对家乡茶情有独钟,留下了许多动人的佳话。

太湖县地处大别山南麓。群山环抱,山清水秀,这里有着适宜于茶叶生长的小气候。这里种茶历史也十分悠久,早在唐朝时,太湖茶就被写入《茶经》。宋代,朝廷在这里设太湖茶

赵朴初翻阅《太湖县志》及有关太湖的资料,关心家乡的发展

场,为东南14个大茶场之一。全县茶叶带来的收入,跟种庄稼差不多。因为环境好,乡亲们又勤劳栽种,所以茶叶品质极佳,长期被作为朝廷贡品。当地人情风俗,许多都与茶有关。人们的日常生活,也离不开茶。

早年,赵朴初随父母亲在老家寺前河边生活。母亲陈仲瑄是大户人家女儿,文学功底很深,喜欢看书作文。陈仲瑄一来到寺前河,就被这里的秀美风光和质朴民情给迷住了。当地人喜欢吃"茶泡饭":如果家中有剩饭,就泡在茶里,吃起来别有一番风味。赵朴初放学或嬉戏归来,喊饿的时候,陈仲瑄也常以"茶泡饭"给年少的赵朴初充饥。

晚年的陈仲瑄夫妇另选了一处僻静的房子，过着与世无争的生活，家中虽有祖上的遗产，能收取一些地租，但这些钱很大一部分都寄给了在上海的赵朴初。赵朴初用这些钱办教养院等，为党为民做了大量的工作。因为勤劳节俭惯了，所以陈仲瑄日子过得很简朴，常以"茶泡饭"为食。

当地有些人家还喜欢喝花茶，即在某些花开之后，将花与茶叶合在一起泡饮。人家常喝的花茶有金银花茶、桂花茶等。喜爱风雅的陈仲瑄别出心裁，发明了一种荷花茶。在夏天，待荷花开时，将茶叶置于荷花中，用针线将荷花缝裹起来。第二天，拆去针线，取花中茶叶泡之，清香无比。赵朴初小时候就喝过这种花茶，那种妙香，令他终生不忘。

有一回，赵朴初到了日本，在一家饭店吃饭。用餐时，见日本朋友也把茶水倒在饭碗里，吃着茶水泡饭，赵朴初不由得泪流满面。赵朴初对日本朋友说："小时候，母亲也常用茶泡饭给我吃，我从心底感谢母亲的精心养育之恩。"92岁高龄时，他还作过一首诗，回忆母亲制作荷花茶的情景。只是母亲去世时，赵朴初不在身边。没能为母亲尽孝，成了赵朴初终生之痛。"茶泡饭"也成了他最珍贵的记忆。

1986年，太湖县政府请著名茶叶专家陈椽教授研制了"天华谷尖"茶叶。那年，县领导进京开会，专程向赵朴初汇报家乡茶业情况。赵朴初品尝之后，赋诗赞美：

咏天华谷尖茶

深情细味故乡茶，莫道云踪不忆家。

品遍锡兰和宇治，清芬独赏我天华。

在诗后,赵朴初还特意写了个说明:

> 友人赠我故乡安徽太湖茶,叶的形状像谷芽,产于天华峰一带,所以名叫"天华谷尖"。试饮一杯,色碧、香清而味永。
>
> 今天,斯里兰卡的锡兰红茶,日本的宇治绿茶,都有盛名。我国是世界茶叶的发源地,名种甚多。"天华谷尖"也应属其中之一,比起驰誉远近的茶叶来,是有它的特色的。

字里行间,不难看出,赵朴初对家乡茶大力褒扬、推介,对家乡充满了深深的眷恋。

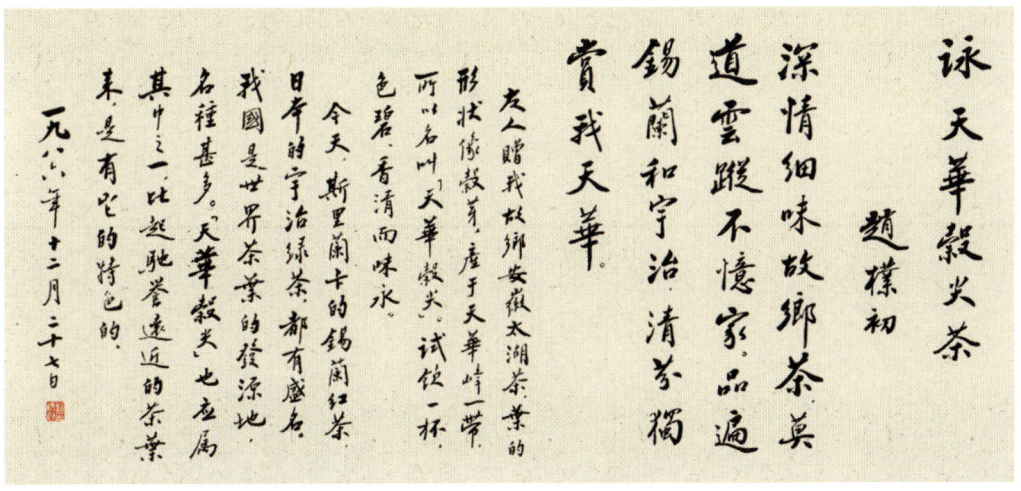

▲ 赵朴初书《咏天华谷尖茶》

每有老乡进京,给赵朴初带些茶,赵朴初都会珍藏,还特意把家乡茶送给冰心等友人共享。

黄山茶

昔者曾希圣，每逢春夏日。赠我黄山茶，清芬妙无匹。

今饮黄山茶，老大忽思家。吾母撮新叶，轻手藏荷花。

翌晨开线裹，妙香无复加。八十余年过，追攀感无涯。

我曾游黄山，饱饮黄山茶。今如遇故人，缥缈梦云遐。

赏析：

1999年3月，友人赠赵朴初黄山新茶，勾起了赵朴初对昔年安徽省委书记曾希圣赠予他黄山茶的回忆，进而勾起了赵朴初思念家乡、思念母亲之情。赵朴初少小离家，64年以后才回到了他魂牵梦绕的家乡，可这时他的母亲已不在了，怎能不让人伤感怀念呢？

不坐轿子

1990年，83岁的赵朴初接到安徽省九华山发来的请柬，邀请他参加九华山第八届庙会。归心似箭的赵朴初不愿再错过这次机会，决定要作一次难得的故乡之行。

赵朴初偕夫人陈邦织一行到达合肥。9月17日，在有关领导的陪同下，经安庆到九华山。拜谒佛教四大名山之一的九华山，是赵朴初多年的愿望。下午4时到达九华山，车队在聚龙宾馆广场停下。赵朴初下车后，径直前往祇园寺，一路向人们致意。当地群众和游客呼啦一下围上来，整个祇园寺和聚龙广场变得人山人海。为了赵朴初的安全，工作人员挡住游客。赵朴初告诉工作人员："没关系，要理解记者和群众的心情。"

第二天上午，九华山骄阳似火，温度高达30多摄氏度。赵朴初参加一个庆典活动，并发表讲话："安徽是我的老家，九华山是我深深向往的地方。我虽离开家乡数十年，一直在外地工作，但我时时都在怀念生我养我的故乡山水，时时都在思念家乡的父老兄弟。星霜数十载，直到耄耋之年才能返回桑梓，朝拜九华山，看望家乡的父老兄弟，酬偿多年的夙愿，尽管迟了一些，毕竟回来了。此刻的我，面对这名山胜会的壮观场面，真是心潮起伏，万念萦怀，即使通身是口，也无法倾诉我此时的心声。"浓浓乡情，溢于言表。

赵朴初声情并茂地说完，如雷的掌声在九华山的青山幽谷中回荡。典礼结束后，赵朴初便去朝拜月身宝殿（月身宝殿是九华山重要寺庙之一）。

到月身宝殿的路不好走，全部为台阶，年轻人走上去都有些吃力，何况赵朴初已是83岁高龄。于是，工作人专门备了一台轿子，想把赵朴初抬上山去。可是任凭谁怎么说，赵朴初就是不坐。

▲ 赵朴初在九华山观看佛学院学生们出的墙报

不时,有抬轿子的民工从身旁经过,他们满身是汗,气喘吁吁。赵朴初指着那些工人,对劝他坐轿的人说:"你们看看,抬轿子的是人,我也是人,我怎么忍心让人抬着我,让他们流这么多汗,吃这么多苦,我不能看着他们为我受苦。"

一个陪同的人员灵机一动,对赵朴初说:"朴老,您坐上轿子照一张相吧,照完就下来,留个纪念好不好?"赵朴初为了给大家面子,满足大家的心愿,便坐上了轿子。但照完相后,他就下来了,还是坚持自己走。

大家看着赵朴初那坚决的态度,听到他坚定的语气,只好顺从了他。为怕他累着,陪同人员决定走十几米就休息一会,没想到赵朴初兴头很足,走了几十米才休息一会儿。随行人员关切地说:"朴老呀,您的精神可嘉,但也得注意自己的身体呀。"

这时,赵朴初回头风趣地对大家说:"没事,这我有底儿,你看我的身体不是很好吗?"说得大家都笑了起来。

这天晚上,赵朴初还兴致勃勃地挥笔赋词一首《九华山·调寄临江仙》,以抒发感慨。

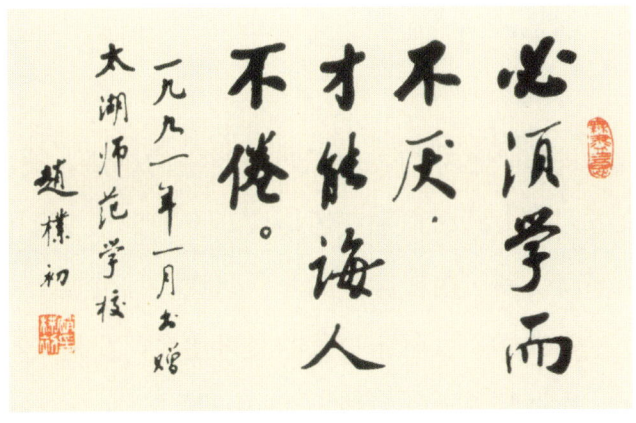

▲ 赵朴初为太湖师范学校题词(1991年)

释文:

必须学而不厌,才能诲人不倦。

一九九一年一月书赠太湖师范学校

赵朴初

赏析:

太湖师范学校是皖西南一所著名的培养小学教师的学校,创办于1911年,2006年改制为朴初中学。1991年,赵朴初应该校之请,写了这幅题词,题词也成为该校的校训。这幅作品同样写得端庄神秀,特别是每个字的落笔,顿挫有力,体现了赵朴初书法的典型特色。

"我是太湖的儿子"

太湖人民盼啊，盼啊，终于盼来了——敬爱的赵朴初先生回到了阔别64年的老家太湖县。

1990年9月29日，一大早，县领导成员就在龙山宫宾馆等候。赵朴初走下汽车，手拄褐色拐杖，身着灰色西服，打着深色领带，满头银发，慈祥的面目带着笑容，神采奕奕。他高兴地同大家一一握手，并有说有笑地走进了宾馆。

在宾馆三楼会议室，赵朴初发表了热情洋溢的讲话。他说："我少小离家，现在是老大方回，太湖话本来我还能讲，但多少年没有用了，还是讲普通话吧。我一回来就受到热情接待，我非常感谢。我虽然年岁大了，现在老家亲属没有了，尽管这样，太湖还是我的父母之乡，我是太湖的儿子，所以我非常想念太湖，连做梦都想到太湖，我……"

此时，赵朴初心情十分激动，说话声音也开始哽咽，他稍作停顿，抑制住感情，又接着说："常听说家乡太湖不太富裕……"说到这里，他再也控制不住感情了，一下子热泪盈眶。他拿起桌上的手巾，擦了擦眼泪。会场寂然无声，人们无不为赵朴初的真情而感动。

赵朴初最关心的是家乡的建设："人总有一个感情，总想看到一个富裕的故乡。我这次回到安徽来，首先到合肥……到九华是重要一站，目的还是到太湖。我13岁离开家乡，到20岁时还回来过一次。记得那次还是在苏州读书放暑假回来的，以后就没有回来过了……从安庆到太湖，一路也是那么好。过去，我看到老家人的住房很差，哪里有这么漂亮的宾馆……"

还是在北京时，赵朴初在家收拾行装，想到就要回故乡了，按捺不住一颗激动的心。离开太湖县已经64年了，他想家想得多苦。给故乡人带点什么礼物呢？他想来想去，还是拿起笔来，抄录下自己1987年赴日本所作的一组诗。同时，他还决定把几件拓印一并带回，这些拓印件的内容是他先祖赵文楷的作品在琉球的石刻，赵朴初把它们作为送给父老乡亲的礼物。下午，赵朴初把这些珍贵的礼物赠给了县文管所。之

▲ 赵朴初与乡亲们亲切交谈

后，他冒雨视察了太湖老城和新城，还视察了太湖中学和塑料厂。在太湖中学，应校长恳请，赵朴初为学校题词："难学能学，难行能行。"

9月30日，赵朴初一行驱车前往太湖山区，回到了故乡寺前镇。尽管故居被花亭湖水淹没，但家乡的变化还是让赵朴初由衷感到高兴。赵朴初听取了区委、区政府的工作汇报，汇报中说到有八大变化。临行前，赵朴初情不自禁地写下了一首诗，赠送区委、区政府：

沧海桑田一弹指，六十四年归故乡。
文教交通惊八变，山情水意共天长。

10月2日，赵朴初要回北京了，县主要领导一大早都来到龙山宫宾馆，与赵朴初道别，大家一起合影。合影前，赵朴初将自己连夜作的一首《自度曲》送给县领导。县领导将赵朴初这次回乡活动的影集和两部录像带赠送给他留作纪念。汽车开动了，赵朴初坐在车里向乡亲们挥手告别。

"问还存几多光热，报我乡邦！"赵朴初是这么说的，也是这么做的。在他生命的最后十年，他尽力报答乡邦，为家乡捐款捐物，在家乡人民心中竖起了一座不朽的丰碑！

书法欣赏

▲ 赵朴初书《自度曲》(1990年)

释文：

  老大始还乡，惊见人天尽换装。喜学舍工房，新兴穷镇，茂林佳橘，旧日荒冈。更雄心三年五载熙湖，绿遍东西南北方。　神驰远景无疆。尽尽情领受，千重山色，万顷波光。不教往事惹思量。任故宅水深千尺，抑又何伤？问还存几多光热，报我乡邦！

    自度曲·太湖县人民政府惠存

      一九九〇年九月

        赵朴初

赏析：

  这幅作品是赵朴初赠给太湖县人民政府的。略带行书，字字独立，俊朗端庄，如花朵盛开，散发出书法美的芬芳。但有一种气势把每个字粘连在一起，气韵流淌自如，又如山间流水，充满了活泼与灵气。整体布局合理，一切浑然天成，堪称赵朴初书法精品。

《拜石赞》

赵朴初一生都喜爱石头。早年，他读叶圣陶先生《古代英雄的石像》，深受感动，决心要做一块人民的铺路石。他给自己取了个别号叫片石，他的第二本诗集亦取名为《片石集》。

20世纪80年代，赵朴初曾为友人画作《拜石图》题诗一首：

不可夺，石之坚。天能补，海能填。不可侮，石之怪。叱能起，射无碍。其精神，其意态。俨若思，观自在。友乎师，石可拜。

赵朴初借用典故，赞颂了石头不可更改的坚定品质和它那种百折不挠、造福苍生的精神。诗歌不仅赋予石头以人性，还指出石头可以为师为友，值得我们一拜。

1990年9月，赵朴初回到阔别64年的家乡太湖县。目睹故土的巨变，他感慨万千。但他同时也看到，家乡还有许多人生活依旧贫穷，扶贫事业任重道远。他决定个人给寺前镇捐款两万元，其中一万元用来设立"拜石"奖学金，基金每年取息保本，奖励在教与学中取得突出成绩的师生。另一万元用于扶贫工作。就这样，"拜石"奖学基金会成立了。

关于"拜石"之意，赵朴初曾对人这样解释：其一，北宋有"米芾拜石"的典故，大书法家米芾一日看到一块奇石，整衣下拜，并呼石为"兄长"；其二，母亲有个别号，叫拜石，设立"拜石"奖学金，也有纪念母亲的意思。晚年的赵朴初非常怀念母亲，他将母亲的遗著《冰玉影传奇》影印出版，送给友人，还专门送给太湖中学图书馆、太湖师范学校图书馆收藏。

▲ 立于太湖中学的《拜石赞》碑

赵朴初在为《冰玉影传奇》所写的引言中特别提到设立"拜石"奖学金的目的："盖欲用以培植掌握科技振兴家乡之人才,以报答先母爱念乡人子弟之遗意。"

1993年,赵朴初将那首题与友人画作的《拜石赞》抄录寄回家乡,希望家乡子弟拜石为师,学习石头的优良品质。一时,这首诗在太湖县广为流传。为了让广大学子深刻领会"拜石"的含义,永远铭记赵朴初的爱乡之情,太湖县有关部门决定在寺前中学和太湖中学分别立《拜石赞》碑。寺前中学校园内的黑色大理石《拜石赞》碑高约两米,碑文《拜石赞》嵌刻在碑的正身,文字俊秀清晰,成为鼓励师生奋发图强的铭文。太湖中学的《拜石赞》碑,则由合肥古建筑设计院设计,以笔、墨、纸、砚文房四宝意象形成碑群,采用不同颜色的大理石构建,并将赵朴初在不同时期为学校写的题词分别镌刻在石碑之上。碑群坐落在校园东大门教学区广场中央,俊雅壮观,成为太湖中学一道最美的风景。当时,学校把《拜石赞》碑揭幕仪式拍成录像送给赵朴初审看,赵朴初看后十分高兴。

赵朴初对家乡的科教事业,可谓是无私奉献,竭尽努力。从1990年开始,他几乎每年都要从自己省吃俭用的工资中抽出很大一部分捐给"拜石"奖学基金会。截至1997年,赵朴初个人分六次共给"拜石"奖学基金会捐款30万元。

寺前镇每年举行一次的"拜石"奖颁发仪式,赵朴初都要发来贺电祝贺："遥祝故乡文明进步,教学事业日新又新""祝全镇经济文化事业日益振兴""祝英才辈出，学业日新"……每一则电文都表达了他对家乡教育蓬勃发展的喜悦以及对子弟们的深切厚望。"拜石"奖的颁发，极大地促进了寺前镇教学事业的发展。一大批学子在"拜石"奖的鼓舞下，发奋攻读，学有所成，先后考入各级各类学校。

1997年，经赵朴初同意，这个奖向全县推开。而今，"拜石"精神激励着太湖一批又一批学子不忘初心，砥砺前行，刻苦读书，不负赵朴初的厚望，成为国家有用之才！

拜石赞①

不可夺，石之坚。天能补②，海能填③。不可侮，石之怪。叱能起④，射无碍⑤。其精神，其意态。俨若思，观自在⑥。友乎师，石可拜。

注释：

①1993年11月30日，赵朴初在给太湖县政协办公室的复信中写道："'拜石'二字，是先母陈仲瑄的别号。她住太湖很久，1947年由太湖动身，将回安庆，行前有诗云：'寄住湖山四十年，一丘一壑总留连。'可见她对太湖的感情很深。我1990年回故乡寺前镇，开始设拜石奖学金，以报答乡亲。亦以纪念先母。"

②苍天塌陷可以补。用女娲炼石补天的典故。

③用精卫填海的典故。

④《神仙传》：黄初平少年时牧羊山中，他的兄长去山中找他，没有看见羊，只看见白石，于是问他。黄初平喝叱白石叫它们起来，然后白石都变回了羊。

⑤汉李广射石故事。

⑥一为观世音菩萨的别名，又可理解为安闲舒适、心地坦然的样子。

赏析：

"拜石"是陈仲瑄的别号。赵朴初为了纪念他的母亲，在故乡太湖设立了"拜石"奖学金，并饱含深情地写了这首《拜石赞》。赵朴初在这首诗中所拜的石头不是一方普普通通的石头，而是一方能补天，能填海，具有坚忍不拔、坚不可摧的精神，不可夺、不可侮的高尚品格的石头，是一方有生命、人格化了的石头，是一方可以成为良师益友的石头。赵朴初以石头比喻他的母亲，赞颂母亲的优秀品格和高尚情操。这样一位伟大的母亲，值得所有人崇敬。

哭项南

项南（1918—1997），福建省连城县人，出生于农民家庭，早年随父亲一起参加革命。中华人民共和国成立后，曾任安徽省青年团书记。1954年，赵朴初和项南作为安徽省代表，共同参加了全国人大一届会议，编在一个组里，一起学习讨论，因此成了好朋友。

1990年，赵朴初回到家乡太湖县，看到家乡还有很多人生活贫困，心情很是难受。

▲ 赵朴初为《山和海的怀念——项南画册》题名

他拿出自己的积蓄，不时寄一些回家乡，用于救灾和扶贫事业。如：1993年6月25日，他通过安徽省政协给寺前镇捐款2万元，并给省政协主席写了一封信，希望省政协对寺前镇建设多加关注。寺前镇用赵朴初寄来的扶贫款，修建了码头和电视差转台等，发展了数千亩经济作物，极大地改善了群众的生产生活条件。1992年5月5日，花亭湖突发龙卷风，一艘客船沉没，40余人遇难，赵朴初从报纸上惊悉此事，又一次给家乡汇款2万元，并致电慰问。为了解决家乡人民看电视难的问题，他亲自致信国家广播电视部部长，筹集到20万元，建起了四面尖电视差转台。县医院东迁遇到困难，他又致信国家计委和卫生部负责同志，争取到60万元补助资金……

1994年，赵朴初因病经常住北京医院，项南也因病住在北京医院，两个老友便经常在一起聊聊天。

1996年,赵朴初对家乡扶贫事业的关心和资助,引起了项南的重视。项南时任中国扶贫基金会负责人,做的就是扶贫工作。他告诉赵朴初:"您不要再给家乡寄扶贫费了,寄回去的钱全做奖学金吧,扶贫问题由我们来解决。"项南派安徽省扶贫基金会人员前往太湖县,经过实地调查,给太湖县安排了一笔扶贫资金,并帮助县里认真选择了项目。通过项南的牵线,江苏省扶贫基金会还为太湖引进了松针粉项目。此外,项南还打算给太湖县分年设立后续的扶贫项目。

1997年底,项南不幸去世。赵朴初为之恸哭,不顾高龄亲自前往八宝山与项南悼别,并作《项南同志哀词》,词中有句:"知我念家乡,太湖贫困邑。为筹千万元,周济饥寒急。忠爱与友情,众我咸感泣。"他十分感恩项南对太湖县扶贫工作的支持。

1998年,项南纪念文集出版,赵朴初专门题写了书名《人民公仆项南》。在寄赠给太湖县图书馆收藏的该书中,赵朴初在扉页特别注明"项南同志曾为我县扶贫事业做过贡献",告诫太湖人民莫忘项南的恩情。

1999年初,病床上的赵朴初想起家乡,想到那些缺衣少食的贫困户,心中十分不安。他决定从个人积蓄中再次捐出10万元,特意委托中国红十字会用这笔钱购买大米接济乡亲。春节之前,一位省领导赶到寺前镇,亲自把这批大米发放下去,高度赞扬了赵朴初关心家乡的崇高道德风范。

据不完全统计,10年来,赵朴初为安徽省捐资引资达3000万元,个人捐款50万元以上,极大地推动了家乡各项事业的发展。

德高望重的赵朴初不愿意过多向国家和有关部门提出要求,而是竭尽自己所能,来支持家乡建设。有人曾告诉他:"我们家乡虽然很穷,需要救济,但靠您一个人的力量也不是办法。您年纪这么大了,身体又不好,千万不能因为给家乡捐款而影响自己的生活啊!"赵朴初总是笑笑说:"不要紧,没关系，我给家乡捐的这点钱，其中一部分是国外发给我的和平奖金。另外，我的工资花不了，也没有什么用，取之于民，用之于民吧。"夫人也附和说："还是还给人民吧，老百姓太苦了！"

第八章 怀念永远

桃花岛植树

2000年5月21日,赵朴初在北京医院逝世,享年93岁。大星遽陨,泪满神州。

5月30日,在八宝山礼堂,江泽民、李瑞环、胡锦涛等党和国家领导人,向卧于苍松翠柏中的赵朴初遗体肃立默哀,三鞠躬作最后的悼别。之后,太湖县领导及乡亲代表也进入礼堂,悲痛地告别这位优秀的"太湖的儿子"。

为进一步弘扬赵朴初爱国爱乡的崇高精神,让更多的人了解赵朴初一生的丰功伟绩,2000年开始,由太湖县政协牵头,成立了"赵朴初资料征集委员会",征集到大量有关赵朴初的资料。由寺前镇主办、镇文化站承办的"赵朴初生平陈列室"于2001年春天正式对外开放。

海内外许多高僧大德、亲朋好友向赵朴初的夫人陈邦织表示,愿意捐些资金,开展公益事业,以实际行动来纪念赵朴初逝世一周年。

陈邦织想到了1990年,赵朴初回到太湖,在书赠太湖县人民政府的《自度曲》中写道:"更雄心三年五载熙湖,绿遍东西南北方。"赵朴初希望家乡绿树成荫,人民富裕。想到赵朴初这个心愿,她提出可以在太湖县做一场扶贫植树活动。

在美丽的花亭湖畔，寺前镇境内，有一个地方，因为村民种植桃树很多，桃花盛开时，灿若云霞，因而得名"桃花村"。1958年，国家修筑花凉亭水库（今名花亭湖），这个地方被淹没，成了一座荒岛，也便得名"桃花岛"。太湖县委、县政府决定，按照陈邦织的意愿，选定桃

▲ 中韩日朋友在桃花岛植树

花岛作为扶贫植树地点，植树面积2000亩，种植桃、李、枇杷及板栗等，使桃花岛成为名副其实的花果岛。

2001年春天，人们组成纪念赵朴初逝世一周年植树扶贫活动代表团，代表团成员有中国、日本、韩国等各国友人，由中国佛教协会副会长刀述仁带队。陈邦织特意委派赵朴初生前秘书陈文尧作为她个人代表加入代表团。代表团临行前，陈邦织在家中分别会见了日本、韩国的友人，她说："富乡裕邦是朴老生前的夙愿，组织这次植树扶贫活动，我要向大家对朴老家乡无私的关爱表示衷心的谢意！"

3月30日，在花亭湖美丽的桃花岛上，湖风和煦，春意盎然。纪念赵朴初逝世一周年植树扶贫活动捐赠仪式在这里隆重举行，数百人参加了仪式。在仪式上，大家纷纷发表讲话，表示要继承赵朴初的遗愿，认真实施好这一惠民工程，把寺前镇建设得更加美丽、富饶。县领导代表太湖县政府向有关单位和个人赠送了锦旗和捐款证书。

仪式之后，来自海内外的友人、县镇有关领导和当地农民满怀着对赵朴初的无限敬爱和怀念，挥锹植下了枇杷、板栗、桃、梨等果树1000多株。陈文尧也代表陈邦织栽下了一棵枇杷树。

为感谢海内外人士对赵朴初家乡的关爱,太湖县人民政府特意立了一块"植树扶贫功德碑",以作永远纪念。植树后,有关领导为功德碑举行了揭碑仪式。

之后,代表团一行乘船游花亭湖,观赏了美丽的寺前镇风光。来到镇区参观了赵朴初生平陈列室,并题字留念。

陈邦织夫人十分关心这些果树的生长情况,后来多次打来电话,询问果树的长势。

而今,当年种下的果树都已经挂果,每年为农户带来可观的经济效益,极大地推动了当地经济发展。每当春回大地,桃花岛一片鸟语花香,掩映在湖光山色之中,成为花亭湖最美的观光胜地之一。

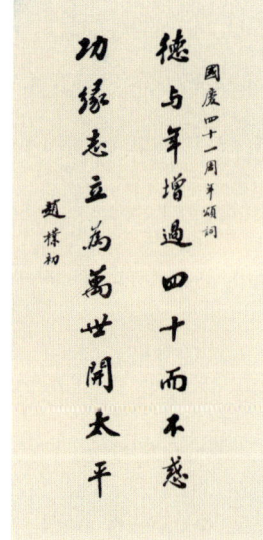

▲ 赵朴初书对联《国庆四十一周年颂词》（1990 年）

释文:

国庆四十一周年颂词

德与年增过四十而不惑

功缘志立为万世开太平

赵朴初

赏析:

赵朴初是对联大家,创作对联数百副,祖国名山古刹,到处都可见他的对联作品。其对联作品与书法相映生辉,给人以无穷的美的享受。

树葬万年冲

赵朴初逝世后,家乡人民有个强烈的愿望,就是按照中国人"叶落归根"的传统习俗,把他的骨灰迎回故乡安葬,让他长眠在故乡之地,永远陪伴着他的亲人、乡亲。

可是赵朴初留有遗嘱:"不留骨灰,不要骨灰盒。"家乡人民同样尊重赵朴初的遗嘱,准备将他的骨灰实行树葬。家乡人民提出树葬的方式,也并非无缘无故。当年,将赵朴初的姐姐赵默初的墓从花亭湖水位低处迁到高处时,赵朴初特别要求:"不用花钱做墓地,找一棵树,深埋在树下就可以了。"赵朴初还与人说过:"现在树葬这种方式,在许多国家都很流行,一来可以节约土地,二来符合环保的要求。"

夫人陈邦织经过反复考虑,最后做出决定,并报请中央批准同意:将赵朴初的一部分骨灰撒向上海黄浦江;另一部分送回家乡树葬,满足家乡人民的愿望。

2001年秋,太湖县委、县政府应全县人民的强烈要求,正式决定在赵朴初老家寺前镇建设赵朴初文化公园。公园选址在寺前集镇边的万年冲,占地46公顷,山水各半,由赵朴初树葬地、赵朴初纪念馆、赵朴初诗词碑林等几个部分组成。

2004年10月3日,陈邦织、有关领导和亲友们一行,护送赵朴初部分骨灰离开北京,乘特快列车抵达合肥,次日又坐汽车到达太湖。

没有人组织,完全是出于自愿,吃过早饭,太湖的乡亲们扶老携幼,成群结队,汇聚在县城的街道,甚至潜山、宿松、望江等邻近县的许多老百姓也来了。从高速公路太湖出口到设在县政府大会堂的灵堂,沿途长街,站满了近十万恭迎的人们,他们或佩着白花,或打着标语,或舞着小旗,皆面容

▲ 乡亲们站满县城街道迎接赵朴初骨灰回乡树葬

庄重，在静静地等待着无比敬爱的赵朴初的归来……

载着赵朴初骨灰的灵车终于驶下了高速公路太湖出口，灵车前方立着赵朴初遗像，周围扎着黑缦。两名少先队员向陈邦织献上鲜花。管乐队奏起《明月清风》的乐曲："生固欣然，死亦无憾……"

灵车穿过恭迎的人群，缓缓向前行驶。人们或招着手向灵车致意，或挥舞着手中的标语，或行庄严的注目礼，表达着对赵朴初无限的怀念和崇敬。有人还以太湖传统的方式放起鞭炮，声音此起彼伏，不绝于耳。

特别感人的是，全国政协副主席、中国宗教界和平委员会主席丁光训专程从南京赶来，恭送他最尊敬的朋友赵朴初。

10月5日上午，赵朴初骨灰树葬仪式在寺前镇赵朴初文化公园隆重举行。陈邦织发表了讲话："今天，我和大家一起将朴老骨灰送回家乡树葬。一踏上家乡的土地，就受到家乡人民的热烈欢迎，街道两旁乡亲们的欢迎队伍，绵延几里，整齐有序，这一片浓浓的乡情，令我百感交集……我把朴老交给家乡人民，让家乡人民来关心他，照顾他，我这想法是对了。大家来参加这个仪式，我再次表示深深的感谢，祝各位身体健康、万事如意！"

11时多，陈邦织怀抱赵朴初骨灰，在亲友们陪同下，登上93级台阶，到树葬地，亲手将赵朴初的骨灰安葬在三棵银杏树下。

顿时，礼炮轰鸣，一群和平鸽飞天而去，缤纷的花雨纷纷落下，撒满安葬着赵朴初骨灰的这块土地。

遗偈

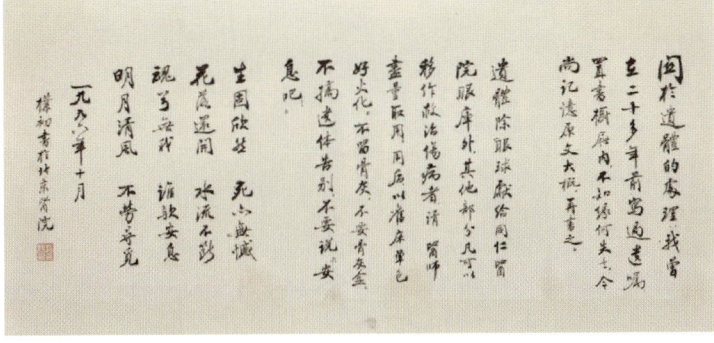

▲ 赵朴初书《遗偈》

释文：

关于遗体的处理，我曾在二十多年前写过遗嘱，置书橱屉内，不知缘何失去，今尚记忆原文大概，再书之。

遗体除眼球献给同仁医院眼库外，其他部分凡可以移作救治伤病者，请医师尽量取用。用后，以旧床单包好火化。不留骨灰，不要骨灰盒，不搞遗体告别，不要说"安息吧"。

生固欣然，死亦无憾。

花落还开，水流不断。

魂兮无我，谁欤安息。

明月清风，不劳寻觅。

一九九六年十月

朴初书于北京医院

赏析：

　　赵朴初这首遗偈，写于去世前几年。他以非常平和的心态，表达对生与死的看法，落在纸上，如花落水流，平静自然。

第八章　怀念永远

研究与怀念

赵朴初离开了这个世界，虽然没有为他自己留下什么物质财富，却为人们留下了极为丰厚的精神财富，这就是他一生的丰功佳绩和他个人伟大的精神风范。正如《人民日报》（2000年5月31日）发表的《赵朴初同志生平》所说："赵朴初同志是著名的社会活动家，伟大的爱国主义者，是中国共产党的亲密朋友。他一生追求进步、探索真理，孜孜以求，矢志不移。在近七十年的漫长岁月中，他与中国共产党风雨同舟，亲密合作，为中国人民解放事业和社会主义建设事业，为造福社会、振兴中华，做出了不可替代的卓越贡献。"

为继承赵朴初未完成的事业，弘扬赵朴初的精神风范，2003年，在安徽省、安庆市有关领导及太湖县委、县政府的高度重视下，安徽省赵朴初研究会筹备小组成立。经过一年时间的筹备，于2004年10月，在太湖县召开了安徽省赵朴初研究会成立大会。有关领导以及会员代表共600余人出席了会议。会议通过了《安徽省赵朴初研究会章程》，选举产生了会长、副会长等。

安徽省赵朴初研究会成立以来，每年都要开展不同形式的研究、纪念赵朴初活动，先后举办赵朴初和平思想、赵朴初人间佛教思想、赵朴初诗词书法艺术等研讨会多次，得到学术界的大力支持，取得丰硕的学术成果。研究会还参加了在香港、无锡等地举行的纪念赵朴初活动。

研究会创办了会刊《赵朴初研究动态》（2019年改名为《赵朴初研究》），至今已出版70多期。编辑出版研究专著《赵朴初书赠故乡安徽墨宝集》《赵朴初墨宝精华》《茶禅诗书赵朴初》《明月清风》《朴风颂》等。这些，对国内外开展赵朴初研究产生了一定的影响。

2005年，赵朴初文化公园二期工程——赵朴初纪念馆动工建设。赵朴

▲ 位于寺前镇的赵朴初文化公园全景

初祖居状元府，于清朝道光末年建造于寺前河街，后被花亭湖水淹没。太湖县委、县政府提出复建状元府，重现这一重要人文景观，并作为赵朴初纪念馆。纪念馆位于赵朴初文化公园西侧，占地面积 6 公顷，建筑面积为 1800 平方米，平面确定为"三进""三纵"布局，入口门前有青石狮一对，侧有青石抱鼓，东侧设接官台，后院设计水井一口，以及马厩、花园等。建筑沿袭当地清代居室风格，粉墙黛瓦，马头墙，内院青石板铺地。2007 年 11 月 9 日，在一片礼花和礼炮声中，赵朴初纪念馆开馆仪式隆重举行。纪念馆设十余个展室，全面展现赵朴初波澜壮阔的人生画卷及其光辉灿烂的精神风貌。纪念馆被列为安徽省爱国主义教育基地、民进中央会史教育基地等。

2020 年，赵朴初文化公园三期工程——赵朴初诗词碑林动工建设。碑林连接赵朴初树葬地和赵朴初纪念馆，全长 697 米。按照赵朴初生平事迹等相关内容，分成母兮吾土、风雨同舟、庄严国土、知恩报恩、和平使者、一代宗师等六个章节，精选赵朴初不同时期书法精品百余幅以及国家领导人题词等，刻于不同形式的石碑之上。赵朴初书法、诗词、人格之美，与山林相映生辉，成为一处高品位、有特色的人文景观。

2020年开始，安徽省赵朴初研究会还策划了《天南地北忆朴老》电视纪录片采访摄制活动。摄制组每到一地，采访有关人物，他们忆及赵朴初，那份怀念、崇敬，经过岁月的沉淀愈加浓厚、绵长。2022年，太湖县政协批准成立"朴初家风传承委员工作室"，提炼出"爱国爱乡，知恩报恩；难学能学，难行能行；清正廉洁，慈忍圆融"24字朴初家风。赵朴初研究会组建宣讲团队，深入机关、学校、村（居）与宗教场所，开展"朴风四进"活动。截至2024年底，已宣讲五十余场次，惠及数万人。太湖县司法局将赵朴初知恩报恩的故事融入人民调解工作，创"朴风调解工作法"，以"一听二知三降四析五换六化"之"六字诀"，谱写调解佳话。2023年初，太湖县恢复评选颁发中断了二十年的"拜石"奖学金。2024年11月11日，赵朴初书法艺术馆在上海博物馆落成，11月29日，"先生归来——赵朴初和他的时代"系列活动在西泠印社美术馆拉开帷幕。2025年初，省政协委员天通撰写的《关于做好赵朴初研究工作的提案》，不仅被列为安徽省政协年度重点提案，并入选年度好提案。安庆市、太湖县两会的大会专题发言中，皆有加强赵朴初文化建设的呼声。为纪念赵朴初逝世25周年，3月和5月，第25次中韩日佛教友好交流会议预备会议、赵朴初人间佛教思想国际研讨会及"赵朴初与中国民主促进会"座谈会分别在先生故里安徽太湖举行。

"明月清风，不劳寻觅。"今天，走在中国大地，在许多地方都能见到赵朴初的墨宝，还能听到人们在传诵赵朴初的故事。我们感觉赵朴初永远活在这世界，和我们在一起。